Mineralien
Fundort Schweiz

Peter Heitzmann

Fernand Rausser

MONDO-VERLAG

Inhalt

Einleitung

Vorwort 6

Quarz, Kristall, Mineral 8

Vom Werden der Alpen und
vom Wachsen der Mineralien 18

Kapitel 1

Jura und Kalkalpen
Mineralien im Kalkgebirge 28

Kapitel 2

Aar- und Gotthardmassiv
Das Paradies der Strahler 38

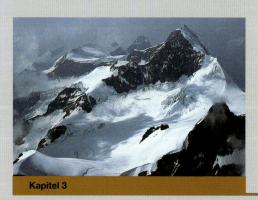
Kapitel 3

Die Walliser Hochalpen
Mineralien in Tiefsee- und
Flachmeergesteinen 58

Nordtessin
Aus der tiefen Erdkruste ans Tageslicht 76

Graubünden
Bündnerschiefer und Granite 86

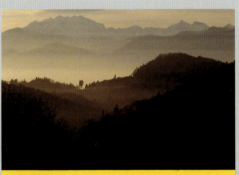

Südtessin
Fast aus Afrika 96

Systematik der Mineralien 102

Geologische Übersicht der Schweiz 104

Wissenswertes 106

Vorwort

Kristalle und Licht

«... Daß ich erkenne, was die Welt
im Innersten zusammenhält, ...»
(Goethe, *Faust I*)

Haben Sie sich, liebe Leserinnen und Leser, schon einmal vorgestellt, wie Kristalle aussehen, wenn sie noch im Innern der Berge verborgen sind – dort, wo sie wuchsen, umhüllt vom Gestein, ohne Licht? Handelt es sich dabei wirklich um dieselben Mineralien, die – einmal zu Tage gebracht – im Licht erstrahlen, funkeln und glitzern? Die Frage ist müßig. Mineralien und Licht sind für uns nicht voneinander zu trennen, denn ohne Licht wäre ihre Wunderwelt nicht zu erkennen. Welch ein Künstler und Maler das Licht ist, offenbart sich erst recht, wenn es etwa bei bearbeiteten Edelsteinen dank exakt geschliffener Flächen vervielfacht und verstärkt zurückgeworfen wird.

Der vorliegende Bildband ist dieser Schönheit gewidmet, der Verbindung der Kristalle mit dem Licht, dem Spiel des Lichts in den Kristallen. Die hier gezeigten Abbildungen stehen stellvertretend für die Vielfalt der Wunderwelt der Mineralien, als funkelnde Einladung zu einer Reise ins Reich der Kristalle.

Begleitet wird diese Bilderpracht von einem Text, der in die Grundlagen der Entstehung von Mineralien einführt – die in der Schweiz untrennbar mit der Bildung der Alpen und des Jura verbunden ist –, ohne den Leser mit allzu weit führenden mineralogischen Einzelheiten zu belasten. Dies ebenso wie jeder Anspruch auf wissenschaftliche Vollständigkeit soll hier nicht angestrebt werden und verbietet sich schon aufgrund des beschränkten Umfangs dieses Werks.

Verbinden Sie jetzt das Licht in den Kristallen mit Musik und legen Sie eine Ihrer Lieblingsmelodien auf, wenn Sie sich in diesen Band und seine lichtdurchflutete Welt der Kristalle vertiefen. Wir wünschen Ihnen dabei viel Vergnügen!

Peter Heitzmann
Fernand Rausser

Die Kristalle stammen aus den Tiefen der Gebirge und steigen auf ans Licht – Sonnenaufgang über den Dents-du-Midi, VS. Die beeindruckenden Zähne dieses Gebirgsstocks sind typische Erosionsformen der mächtigen Kalkschichten der helvetischen Sedimente.

Einleitung

Quarz, Kristall, Mineral

Ist von Mineralien die Rede, denkt man meist unwillkürlich an Bergkristalle, an die bekannten, oft glasklaren sechsseitigen Türmchen mit der feinen Spitze. Solche Kristalle begegnen uns oft: Sie werben für Mineralwasser aus den Alpen, das im Kristallglas perlt, sie finden ihren Weg als Souvenirs aus unsern Bergen in die ganze Welt, und sie machen uns zu Sklaven der Zeit. Denn seit in der Quarzuhr ein solcher, allerdings synthetisch hergestellter Kristall als Taktgeber schwingt, wirkt die nachgehende Uhr als Entschuldigung dürftig. Bergkristall, wissenschaftlich Quarz genannt, ist jedoch nur eines der etwa dreitausend bekannten Mineralien oder Minerale. Nur wenige sind so schön geformt oder faszinierend gefärbt, daß sie an Mineralienbörsen oder auf Schmuckstücken zu bewundern sind.

Dabei begegnen uns Mineralien tagtäglich, ohne daß wir uns dies vergegenwärtigen. Wir geben eine Prise Salzkristalle in die Suppe. Wir spazieren über einen mit roten Pflastersteinen belegten Platz zum Münster und bewundern die in Sandstein gehauenen Figuren am Eingangsportal. Alle diese Steine sind aus Mineralien aufgebaut. Wir graben den Garten um und bringen frischen, mineralreichen Boden an die Oberfläche oder geben Mineraldünger zu. Mineralien haben eine enorme wirtschaftliche Bedeutung. Die wichtigsten Rohstoffe in der Bauindustrie sind mineralischen Ursprungs, auch abgesehen vom direkt verbauten Gestein in Form von Blöcken oder Betonschotter. So benötigt man etwa für die Zementherstellung Kalk und Ton in bestimmter chemischer Zusammensetzung, weshalb

In einer Kluft wachsen die Kristalle vom Boden und von der Decke gegen den Innenraum. So entstehen ganze Kristallteppiche, wie diese Rauchquarz-Gruppe, wobei ein Individuum neben dem andern sitzt und meist mit den Nachbarn verwachsen ist. Typisch für die Quarze ist die sechsseitige Türmchenform. Aarmassiv, Zinggenstock, Grimselgebiet, BE. Originalbreite 5,2 cm. Coll. W. Elsasser

solche Vorkommen gezielt gesucht – prospektiert – und ausgebeutet werden. Ziegel und Backsteine brennt man seit alters aus Ton, der in Tongruben rein abgebaut wird. Auch Gips und Kalkstein werden meist aus mehr oder weniger reinen Vorkommen gewonnen. Erze hingegen – auch sie gehören zu den Mineralien – finden sich nur in Ausnahmefällen in reiner Form; daraus werden die Metalle gewonnen. Sogar in der Kosmetik verwendet man feinste, weiche Mineralien, zum Beispiel Talkpuder.

Was sind Mineralien eigentlich?

Grundsätzlich können alle einheitlichen Bestandteile der Erdkruste als Mineralien bezeichnet werden, und ebenso grundsätzlich handelt es sich um anorganische, nicht belebte Substanzen; gleichzeitig sind sie wichtige Bausteine von Organismen, die mit ihrem Werden und Vergehen selbst wieder gesteinsbildend tätig sein können, man denke nur an Korallenstöcke oder Steinkohleflöze. Ein Mineral ist ein natürlicher Stoff, es muß in der Natur vorkommen, selbst wenn es heute auch im Labor hergestellt werden kann, wie der erwähnte Quarzkristall in der Uhr oder die Rubine, die als Lagersteine für ihr Räderwerk dienen. Diese Quarze und Rubine ebenso wie der Großteil der in der Industrie verwendeten Diamanten werden heute unter hohem Druck synthetisch gezüchtet, unterscheiden sich aber in ihrer Zusammensetzung und ihren physikalischen Eigenschaften überhaupt nicht von den natürlichen.

Vom inneren Aufbau der Mineralien

Jedes Mineral hat eine einheitliche chemische Zusammensetzung, die sich in einer Formel ausdrücken läßt. Quarz besteht aus Sauerstoff- und Siliziumatomen, die stets im Verhältnis 2:1 vorhanden sind; auf zwei Sauerstoffatome kommt immer ein Siliziumatom. Die chemische Formel für Quarz ist dementsprechend SiO_2. Kochsalz wiederum besteht aus Natrium- und Chlorionen, so daß wir dafür NaCl schreiben können.

Kristallin ist ein Mineral, da die an seinem Aufbau beteiligten Teilchen (Atome, Ionen, Verbindungen) in einer genau definierten Raumstruktur angeordnet sind. Die zwei Sauerstoffatome und das Siliziumatom sind also beim Quarzkristall immer auf dieselbe Art und Weise angeordnet. Diese Anordnung heißt Kristallgitter. Die Gitter vieler Mineralien sind äußerst kompliziert aufgebaut und können nur mit Hilfe von Röntgenstrahlen analysiert werden. Anders ist es zum Beispiel bei Flüssigkeiten oder Gasen: Bei diesen Stoffen gibt es keine genau definierte Anordnung der Komponenten, die Nachbarn eines Teilchens wechseln dauernd. Im Gegensatz zum geordneten Zustand in einem Kristall herrscht hier eher ein Chaos: Alles ist eben im Fluß.

Da die Mineralien eine genaue chemische Zusammensetzung aufweisen, hat auch jede Mineralart eine ganz bestimmte Dichte. Quarz zum Beispiel besitzt eine Dichte von 2,65 g/cm3. Da jedoch die Zusammensetzungen in gewissen Grenzen variieren und in ein Kristallgitter auch fremde Elemente eingebaut sein können, ist die Dichte nicht absolut konstant.

Direkt im Zusammenhang mit der Gitterstruktur der Mineralien steht auch die Spaltbarkeit. Quarz hat eine äußerst schlechte Spaltbarkeit, da die Anordnung der Komponenten Silizium und Sauerstoff einen starken inneren Zusammenhalt bewirkt. Wenn Quarzkristalle brechen, bildet sich deshalb eine unregelmäßige Bruchfläche; der Mineraloge spricht dann von einem muscheligen Bruch. Ganz anders bei schönen Calcitstufen. Ihre Spaltbarkeit ist gut: Durch leichtes Schlagen spaltet sich der große Kristall in zwei Teile, die wieder perfekte Kristallflächen aufweisen.

Nicht alle Kristalle sind Mineralien

Die weitaus meisten Mineralien sind kristalline Substanzen, nur einige wenige sind amorph, wie Opal und Hydrogele, oder flüssig wie Quecksilber. Andererseits gibt es auch organische Kristalle, etwa Weinstein, Zitronensäure oder Vitamine, die nicht zu den Mineralien gerechnet werden, ebensowenig wie die neuen, künstlich hergestellten anorganischen Kristalle der modernen Werkstoffindustrie.

Die meisten Gesteine bestehen ganz aus Mineralien. Der Mineralanteil in einem Gestein hängt allerdings direkt von der Art der Entstehung ab. So finden sich in vulkanischen Gesteinen auch feste Bestandteile, die keine Kristallstruktur aufweisen. Wir bezeichnen solche nichtkristalline Bestandteile als glasig oder amorph. Auch Fensterglas ist keine kristalline, sondern eine amorphe Substanz. Hier sind die einzelnen Komponenten wahllos verteilt wie in einer Flüssigkeit. Amorphe Gesteine sind denn auch rasch fest gewordene Flüssigkeiten.

Die Formenvielfalt der Mineralien

Weil Mineralien in ihrem Innern stets auf die gleiche Art und Weise aufgebaut sind, folgt, daß auch die äußere Form für eine bestimmte Mineralart im

◀ **Rauchquarz mit Fluorit**

Ein Rauchquarz ist in seiner charakteristischen Form als Einzelindividuum gewachsen. Erst nachher begann auf einer Fläche des Quarzes eine ganz andere Mineralart zu wachsen, nämlich ein rosafarbener Fluoritkristall.

Aarmassiv, Zinggenstock, Grimselgebiet, BE. Originalbreite 3,5 cm
Coll. E. Rufibach

▼ **Nadelquarz**

Eine Gruppe von sehr langstengeligen, glasklaren Kristallen ist strahlenförmig von einem Zentrum aus in den Hohlraum gesprossen. Diese besondere Form wird Nadelquarz genannt. Nadelquarze sind typisch für die Klüfte in den Kalkschiefern des Nordtessins.

Bedretto, TI. Originalbreite 6 cm
Coll. H. Flück

Mineralogen haben Methoden entwickelt, um mit einem speziellen Mikroskop die Form – genauer gesagt die Orientierung der Flächen eines Kristalls – auszumessen und die Ergebnisse als Grundlage für die Klassifikation der Mineralien zu verwenden. Früher mußten die Zeichnungen der Mineralformen, die ja die räumlichen Beziehungen der einzelnen Flächen zueinander zeigen sollen, mühsam mit Zirkel und Maßstab konstruiert werden. Heute erledigen das Computerprogramme in Sekundenschnelle.

Harte und weiche Mineralien

Wenn wir mit der Spitze eines Quarzkristalls über eine Glasscheibe fahren, können wir feststellen, daß der Quarz das Glas ritzt. Andererseits ist es sehr leicht, mit einem Diamanten einen Quarz zu ritzen. Jedes Mineral hat also eine bestimmte Härte. Als Maßstab wurden zehn Mineralien ausgewählt, denen man die Härtewerte 1 bis 10 zuordnete. In dieser Mohsschen Skala stehen folgende Härtewerte:

Talk 1	Feldspat 6
Steinsalz 2	Quarz 7
Calcit 3	Topas 8
Fluorit 4	Korund 9
Apatit 5	Diamant 10

Mineralien mit einem Härtewert über 7 – die also härter sind als Quarz – gelten als Edelsteine. Viele wertvolle Schmucksteine besitzen Werte von 9 oder 10. Edelsteine behalten ihre Brillanz nur, wenn sie nicht zerkratzt werden.

Prinzip immer gleich ausgebildet wird. Die äußere Form einer Mineralart wird durch das Kristallgitter bestimmt. Dies gilt jedoch so absolut nur, wenn der Kristall Platz hat, um frei wachsen zu können. Es muß also ein genügend großer Hohlraum vorhanden sein. In hartem Gestein, etwa in Granit, sind die Mineralien meist nicht in ihrer typischen Form gewachsen. Hier wird die Form durch den engen Platz bestimmt, der zur Verfügung steht, und sie hat oft überhaupt nichts mit der Innen- oder Kristallstruktur des Minerals zu tun. Unter Millionen von Mineralien ohne eigene Form finden sich nur wenige, die sich so formvollendet ausbilden konnten, wie sie hier abgebildet werden. Hinzu kommt, daß eine Mineralart ungeachtet ihrer immer gleichen inneren Struktur verschiedene typische Formen bilden kann. Gerade der Quarz zeigt eine Fülle solcher verschiedener Formvarietäten.

◀ **Fensterquarz**

Wenn bei bestimmten Bedingungen die Kristalle nur an den Ecken und Kanten wachsen, entstehen auf den Flächen Hohlräume. In diesem Fall ist der Kristall später wieder normal weitergewachsen, so daß der Hohlraum wie mit einem Kristallfenster verschlossen worden ist.

Kalkalpen, Val d'Illiez, VS
Originalbreite 3,4 cm
Coll. Chr. Flückiger

▶ **Rauchquarz**

Golden leuchten die Kristalle wegen ihrer bräunlich-rauchigen Färbung. Diese wird bei Rauchquarzen durch feinstverteilte Fremdelemente im Kristall und die natürliche radioaktive Strahlung verursacht. Schöne Exemplare sind als Schmucksteine geschätzt.

Aarmassiv, Eggishorn, Oberwallis, VS. Originalbreite 3,2 cm
Coll. H. Flück

Mineralien, die weicher sind als Quarz, werden vom allgegenwärtigen feinen Quarzstaub angegriffen und mit der Zeit matt.

Mineralien in allen Farben

Wenn wir durch eine Mineralienschau schlendern, fallen uns sofort die verschiedenen Farben der ausgestellten Kristallstufen auf: Quarz ist farblos, Chlorit grün, Disthen blau, Rubin rot. Auch die Farbe ist ein charakteristisches Merkmal der Mineralien. Es ist allerdings Vorsicht geboten. Ein und dieselbe Mineralart kann verschiedene Farbtöne aufweisen. Wir alle kennen den farblosen, durchsichtigen Bergkristall, den braunen Rauchquarz oder den violetten Amethyst. Vielfach ist die Farbe durch die chemische Zusammensetzung gegeben. Ein bestimmtes Element verursacht die Farbe: So ist Azurit blau wegen des Kupfers, Rhodonit rosa, weil er Mangan enthält. Manchmal kann auch eine geringe Beimischung eines Fremdelements ursprünglich farblose Mineralien wie Quarz oder Steinsalz färben. Auch die natürliche radioaktive Strahlung kann verschiedene Färbungen verursachen. Eine weitere Besonderheit ist die Strichfarbe, vor allem bei dunklen, undurchsichtigen Erzmineralien. Streichen wir mit einem solchen Mineral über ein Porzellanplättchen, ergibt dies häufig nicht einen schwarzen, sondern einen farbigen Strich. Auch diese Eigenschaft kann zur Bestimmung eines Minerals beigezogen werden. Wird ein Kristall übrigens zu stark erhitzt, kann die Färbung teilweise verlorengehen.

Wo finden wir Mineralien? – Überall!

Ob Granit, Kalkstein oder Sandstein: Gesteine bestehen aus Mineralien, die allerdings nicht in ihrer typischen frei gewachsenen Kristallform ausgebildet sind. So kristallisieren in einem Magma, einer Gesteinsschmelze, beim Erkalten die Mineralien Quarz, Feldspat und Biotit zu Granit. Quarzkörner werden von feinstem Calcit zusammengekittet und bilden einen Sandstein. Calcitkristalle sind die Bausteine für Muschelschalen; diese sinken nach dem Ableben des Tieres auf den Meeresgrund, und die Ablagerungen wandeln sich mit der Zeit um zu Muschelkalk. Bei jedem Prozeß in und auf der Erde, bei dem Gesteine gebildet oder umgeformt werden, entstehen Mineralien.

Betrachtet man die Häufigkeit der chemischen Elemente in der Erdkruste, zeigt sich – manche mag das überraschen –, daß Sauerstoff das häufigste ist. Fast die Hälfte der Masse unserer Erdkruste besteht aus Sauerstoff, mehr als ein Viertel aus Silizium. Alle andern Elemente folgen weit abgeschlagen. Ist es da verwunderlich, daß wir Quarz fast überall finden? Das häufigste Mineral ist allerdings der Feldspat, der ebenfalls sehr viel Sauerstoff und Silizium enthält.

▲ **Phantomquarz**

Deutlich sind bei diesem Kristall die Wachstumsstadien zu erkennen. Wenn der Kristall wuchs, bildete sich ein Quarzsaum, wenn das Wachstum unterbrochen wurde, lagerten sich auf den Kristallflächen feine Chloritkristalle ab, welche jetzt die Streifung hervorrufen.

Aarmassiv, Zinggenstock,
Grimselgebiet, BE
Originalbreite 5,6 cm
Coll. W. Elsasser

▶ **Quarz**

Diese farblosen, klaren Bergkristalle aus dem Bündnerschiefergebiet zeigen eine unübliche Form. Die Seitenflächen laufen gegen oben aufeinander zu, wo nur eine undeutliche Spitze ausgebildet ist. Zuerst bildete sich der große Kristall, später wuchsen die kleineren Individuen auf.

Lugnez, GR
Originalbreite 5 cm
Coll. H. Flück

Granite und Vulkane

Bei Vulkanen tritt heiße Gesteinsschmelze in Form von Lava an die Oberfläche, erstarrt und bildet so ein Gestein. Die an Elementen wie Sauerstoff und Silizium, aber auch Aluminium, Eisen und andern reiche flüssige Schmelze heißt Magma. Durch Auskristallisation der Mineralien entstehen daraus magmatische Gesteine. Dieser Prozeß kann sowohl im Erdinnern als auch an der Oberfläche stattfinden. Im Erdinnern kühlt die Schmelze nur langsam ab, und es können sich große Mineralien bilden, allerdings nicht in ihrer typischen Form. Granite sind so entstandene Gesteine. Es gibt aber auch andere magmatische Gesteine, die zum Beispiel keinen Quarz oder weder Quarz noch Feldspat enthalten, sondern nur aus dunklen Mineralien aufgebaut sind. Wir finden diese Gesteine auch in den Schweizer Alpen, sie sind für die Bildung von Kluftmineralien sehr wichtig.

Steigt das Magma an die Oberfläche, trägt es meist in der Tiefe gebildete Mineralien mit sich. In einem Magma, das in der Tiefe zu Granit auskristallisieren würde, sind beim Aufsteigen an die Oberfläche vielfach schon auskristallisierte Feldspäte vorhanden. Bei der schnellen Abkühlung an der Oberfläche reicht die Zeit nicht mehr, daß auch der Rest der Schmelze kristallisieren könnte. Die Lava erstarrt sofort zu einer amorphen Grundmasse, in der sich dann häufig Mineralien finden, die in ihrer charakteristischen Form auskristallisierten. Bei der Granitbildung, viel häufiger aber noch bei Gesteinen, die durch vulkanische Ergüsse aufgebaut wurden, entstehen oft Hohlräume, auch Drusen genannt. Darin können später, wenn Lösungen durch das Gestein zirkulieren, Mineralien wachsen. Gut bekannt sind die Kristalldrusen, die man im Mineralienhandel geschlossen kaufen kann. Beim Aufknacken findet dann, wer Glück hat, eine kleine Wunderwelt von violetten Amethysten. Oder als Pechvogel eben gar nichts.

Eine besondere Gesteinsart sind die Pegmatite. Wenn entlang offener Spalten Magma eindringt – das meist reich an Spurenelementen ist –, entstehen grobkörnige, vielfach quarz- und feldspatreiche Gesteine. Je nach Art der Spurenelemente kristallisieren in den Pegmatiten auch große, seltene Mineralien, wie zum Beispiel Beryll oder Turmalin.

Kristalle aus dem Meer

Im Meer entstehen durch Ablagerung, Sedimentation, verschiedene Gesteine. Die Kristalle in diesen Sedimentgesteinen sind oft so winzig klein, daß sie nur unter einem starken Mikroskop zu erkennen sind. Häufig entstehen Kalksteine, unter besonderen Bedingungen auch Gips- oder Salzablagerungen. Bilden sich bei der Umwandlung des ursprünglichen Schlamms in ein festes Gestein Hohlräume, kristallisieren dort oft die gleichen Mineralien aus, die schon das Gestein selbst aufbauen.

Sedimentgesteine können aber auch entstehen, wenn Material durch Flüsse herantransportiert und zum Beispiel in einem Delta abgelagert wird. Später können dann diese Schüttungen zu sogenannten Konglomeraten oder Nagelfluh verkittet werden. Auf gleiche Weise entstehen auch Sandsteine und Tonschichten.

Gesteine der dritten Art

Immer wieder im Verlauf der Erdgeschichte wurden und werden magmatische und sedimentäre Gesteine einige Kilometer in die Erdkruste

hinuntergeschoben, zum Beispiel wenn sich Kontinentalplatten übereinanderschieben und Gebirge entstehen. Hier machen sie unter der erhöhten Temperatur und dem enormen Druck eine Umformung durch, eine Gesteinsmetamorphose. Temperatur und Druck sind auch die entscheidenden Faktoren, daß in diesen metamorphen Gesteinen neue Mineralien wachsen können. Viele Mineralien sind typische metamorphe Mineralien, sie entstehen nur in solchen Gesteinen. In Experimenten können die Temperatur- und Druckbedingungen für die Bildung solcher Mineralien ermittelt werden. Durch den Vergleich der Laborresultate mit den Befunden in der Natur erhalten wir Anhaltspunkte, wo in der Erdkruste die Gesteinsmetamorphose stattgefunden hat.

Begehrte Mineralien: Metallerze

Gelegentlich werden bei gesteinsbildenden Vorgängen, seien sie magmatisch, sedimentär oder metamorph, bestimmte Elemente konzentriert. Dabei kommt es zu Anreicherungen von Mineralien, die normalerweise nur in geringen Mengen oder fein verteilt auftreten. Solche Mineralkonzentrationen werden nach ihrem Hauptmetallanteil Eisenerz, Kupfererz, Bleierz oder Silbererz genannt. So wichtig diese besonderen Mineralien wirtschaftlich sein mögen: Für Mineraliensammler sind sie meist wenig interessant, da die Erzmineralien oft als derbe Massen und nicht in der ihnen eigenen Form auftreten. Dessenungeachtet können Erzmineralien faszinieren, zum Beispiel durch ihren Glanz.

Um zu wissen, wo welche Mineralien in den Schweizer Alpen zu finden sind, ist ein Blick zurück in die Entstehungsgeschichte dieser Gebirgskette hilfreich, bevor wir uns den einzelnen Regionen und Fundgebieten zuwenden. Am Schluß dieses Bildbandes finden sich dann Angaben, die beim Aufbau einer eigenen Sammlung weiterhelfen können.

▶ **Nadelquarz-Gruppe mit Japanerzwilling**

Neben den vielen kleinen Nadelquarzen fallen vor allem die beiden großen, eher tafelig ausgebildeten Individuen auf. Diese sind miteinander von einer Ebene aus gewachsen, an der sie sich spiegeln. Solche sich berührende Zwillinge nennt man Japanerzwillinge. Als Zwillingsbildung werden gesetzmäßige Verwachsungen von zwei Kristallindividuen bezeichnet, die sich auch mehrfach wiederholen können.

Kalkschiefer, Bedretto TI
Originalbreite 2,3 cm
Coll. E. Rufibach

Einleitung

Vom Werden der Alpen und vom Wachsen der Mineralien

Jahr für Jahr wachsen die Alpen einen bis zwei Millimeter über das Mittelland hinaus. Dies haben Vergleiche zwischen Präzisionshöhenmessungen vom Anfang und Ende unseres Jahrhunderts ergeben. Die Alpen würden also immer höher, wenn dieses Wachsen durch die Abtragung von Gesteinen, die Erosion, nicht gerade wieder ausgeglichen würde, so daß es von Menschenauge gar nicht wahrnehmbar ist.

Trotzdem: In tausend Jahren liegt damit ein bestimmter Punkt im Gebirge einen Meter höher, in einer Million Jahre einen Kilometer – sofern er bis dann von der Abtragung verschont geblieben ist. Und eine Jahrmillion ist kurz in der Geschichte der Alpen, in deren Verlauf sich die für die Schweiz charakteristischen Mineralien bildeten. Blättern wir also einige Seiten im Buch der Erdgeschichte zurück…

Vor 210 Millionen Jahren: Der große Kontinent
In der erdgeschichtlichen Formation der Trias (vor 250–210 Mio. Jahren) ist die künftige Schweiz Teil des riesigen Kontinents Pangäa, der während der letzten voralpinen Gebirgsbildung entstanden war. Vor rund 210 Millionen Jahren begann nun der Großkontinent Pangäa aus unbekannten Gründen zu zerfallen: Im Westen lösten sich die späteren amerikanischen Kontinentalplatten vom europäisch-afrikanischen Block, und in diesem bildete sich ein neues Meer, die Tethys, die sich im Osten über das Gebiet des heutigen Himalaya zu einem mächtigen Ozean weitete.

Der zweifellos berühmteste Schweizer Gipfel, das Matterhorn, taucht hier dramatisch aus den Wolken auf. Dieses Wahrzeichen unseres Landes, ja der Alpen und damit ganz Europas schlechthin gehört jedoch geologisch gesehen zu einem Sporn der Afrikanischen Platte.

Dieses Meer ist im Bereich der künftigen Alpen nur wenig tief. Weite Bereiche fallen bei Ebbe trocken und werden dann von der Flut wieder unter Wasser gesetzt: Hier entstehen Gips, Anhydrit und Dolomit. Solche Verhältnisse finden sich heute am Persischen Golf, wo man beobachten kann, wie sich diese Gesteinsbildung abspielt. In abgeschlossenen Buchten ist es so heiß, daß das Meerwasser verdunstet und Salz auskristallisiert. Wo solche Salzsedimente später überlagert wurden, entstanden Steinsalzlager (in der Schweiz werden sie in Schweizerhalle und Bex abgebaut).

Kalkstein kann sich in offeneren Meeresbereichen bilden. Meist sind an der Kalkbildung auch Organismen beteiligt, die Kalkschalen besitzen – zum Beispiel Muscheln, Brachiopoden oder Seelilien – oder massive Kalkformationen aufbauen wie die Korallen. Nach dem Absterben der Tiere blieb die Schale erhalten, und mit den Sedimenten versteinerte Fossilien geben uns heute viele Informationen über die damaligen Lebensbedingungen. Anhand der Fossilien und der Analyse der Gesteine kennt man beispielsweise Wassertiefe und -temperatur, Wellenbewegung oder Salzgehalt dieses Meers.

Vom nördlichen europäischen Festland her, zum Teil sogar aus Skandinavien, trugen gewaltige Ströme Sand und Schlamm in die Tethys, so daß zwischen den Kalk-, Dolomit- und Gipsschichten auch Sandsteinbänke und Mergelschichten abgelagert wurden. Die Sedimente dieses Flachmeeres finden sich vom Juramassiv über den ganzen Alpenraum bis nach Afrika, was heute dem Südtessin entspricht. An einigen Orten ragten Inseln aus diesem Meer. Saurier, wie sie zum Beispiel in Frick oder am Monte San Giorgio gefunden wurden, oder Reste von Saurierspuren in den Alpen sowie viele andere Fossilien zeugen von der damaligen Fauna.

Vor 150 Millionen Jahren: Ein tiefer Ozean

In der anschließenden Jurazeit (vor 210–140 Mio. Jahren) hatte sich die Tethys, das Meer zwischen Europa und Afrika, gegenüber dem Flachmeer der Trias stark verändert. Im Norden, im Bereich der heutigen Juraketten und der Kalkalpen, gab es immer noch flache Ufer- und Schelfbereiche. Hier bildeten sich jetzt vor allem Kalke, häufig mit versteinerten Ammoniten oder Ammonshörnern. Die wunderschönen spiraligen Schalen dieser im Erdmittelalter besonders häufigen Kopffüßler sind wichtige Leitfossilien für die Datierung von Gesteinen. An andern Orten lagerten sich in sauerstoffarmen Gewässern Tone ab, die zu schwarzen Tonschiefern umgewandelt wurden. In Brandungszonen wurde der Schlamm immer wieder aufgewirbelt,

◄ **Niederhorn, Kalkalpen, BE**

Horizontal liegende Kalk- und Mergelschichten aus der Kreidezeit, die nicht mehr am Ort der Ablagerung, sondern in der Überschiebungsdecke der helvetischen Kalkalpen liegen.

► **Scheuchzerhorn, BE**

Die markanten Bergspitzen im Grimselgebiet sind aus dem zentralen Aaregranit aufgebaut, der vor etwa 280 Millionen Jahren entstand. Während der Meeresperiode des Erdmittelalters bildete dieser Granit einen Teil der europäischen Kruste. Gletscher und Wasser haben Täler in diesen Granit gegraben und so die Gipfel modelliert.

senkte sich der Meeresuntergrund in der Jurazeit stark ein. Die Gesteine aus der Trias, zum Beispiel Dolomite, wurden zerbrochen. In die Spalten konnte neuer Schlamm eindringen, so daß sich später ein Mosaik verschiedener Gesteinsarten bildete. Guten Einblick in diese Gesteine bietet der Steinbruch von Arzo (TI). Das Gestein wird dort mit Stahlseilen aus dem Fels gesägt, und auf den so entstehenden glatten Oberflächen ist die Zusammensetzung ausgezeichnet zu erkennen. Unter dem Namen Macchia vecchia kommt der Stein in den Handel, und viele Kirchen im Tessin besitzen Altäre aus Arzostein.

Gegen Ende der Jurazeit wurden in diesem Gebiet typische Tiefseegesteine abgelagert, sogenannte Radiolarite, die heute im Südtessin in der Breggiaschlucht anstehen. Sie setzen sich aus den Kieselschalen von Radiolarien zusammen, Plankton-Einzellern, die nach dem Absterben absinken. Während Kalkschalen anderer Meeresbewohner in größeren Tiefen aufgelöst werden, bleiben die härteren Kieselschalen der Radiolarien erhalten und bilden entsprechend harte Sedimentgesteine. Radiolarite weisen also immer auf ein ehemaliges tiefes Meer hin.

Vor 90 Millionen Jahren: Der Ozean wird verschluckt

Nach einem Zeitsprung von 60 Millionen Jahren zeigt sich zur Kreidezeit vor 90 Millionen Jahren wiederum eine völlig neue Situation. Nun driften die beiden Kontinentalplatten aufeinander zu, ja die Afrikanische schiebt sich über die Europäische Platte. Große Teile der vorher entstandenen schweren ozeanischen Kruste tauchen in die Tiefe von Erdkruste und Erdmantel ab, wo ihre Gesteine umgewandelt werden, so daß sich hier eine entscheidende Phase der Alpenbildung abspielt. Auch für eine solche Subduktion findet sich eine Parallele im heutigen plattentektonischen Geschehen: Die Pazifische Platte driftet gegen Japan und sinkt unter diesen Inselbogen ab. Ein Hinweis darauf sind die zahlreichen aktiven Vulkane auf dem Japanischen Archipel und die häufigen, oft verheerenden Erdbeben.

Zu dieser Zeit liegen Teile des heutigen Juragebirges erstmals über Wasser, und im Bereich der Kalkalpen entstehen mächtige Kalk- und Mergelablagerungen. Besonders eindrucksvoll sind derartige Gesteinsschichten an den Churfirsten zu beobachten.

Im Süden, auf der afrikanischen Seite, kommt es in der Kreidezeit immer noch zu Tiefseeablagerungen. Zum Teil wird typischer reinweißer Tiefseekalk abgelagert, lokal Biancone genannt. Teilweise bilden sich auch farbige Mergel, die auf einen Eintrag von Tonmineralien hinweisen. Auch diese Formationen sind in der Breggiaschlucht aufgeschlossen. Für die Tessiner Bauindustrie war das Zusammentreffen von reinen Kalken und

so daß sich kleine Kalkkügelchen bilden konnten. Aus ihnen sind die markanten Kalkoolith- oder Rogenstein-Felswände des heutigen Jura aufgebaut. Dazwischen kam es auch immer wieder zur Bildung von Mergeln, dann nämlich, wenn neben der Kalkbildung auch Ton eingeschwemmt wurde.

Wegen des Auseinanderdriftens von Europa und Afrika entstand in der Jurazeit im zentralen Bereich des Ozeans eine Gebirgskette mit untermeerischen Vulkanen. Dort stieg aus der Tiefe des Erdmantels dauernd Magma auf, erstarrte im Untergrund oder wurde als Lava in den Vulkanen ausgestoßen. So bildete sich eine neue ozeanische Kruste. Das von unten nachstoßende Material drückte die oben neu entstandene Kruste auf die Seiten, so daß sich der Ozean immer mehr verbreiterte. Die untermeerische Vulkankette der Tethys kann gut mit dem heutigen Mittelatlantischen Rücken verglichen werden, einem riesigen Gebirgszug mitten im Atlantischen Ozean. Auch dort wird stetig neue ozeanische Kruste gebildet, so daß sich Europa und Nordamerika jedes Jahr um einige Zentimeter voneinander entfernen. Reste der ehemaligen ozeanischen Kruste der Tethys finden sich heute in den Alpen etwa zwischen Zermatt und Saas Fee oder im Oberhalbstein und Oberengadin (Furtschellas). Ihrer schlangengrünen Farbe verdanken diese Gesteine den Namen Ophiolith (von griech. *ophis*, Schlange). Hier treten auch einzigartige Mineralien auf, die sich nur in solchen Gesteinsarten bilden können. Im Süden, auf der afrikanischen Seite der Tethys,

Mergeln ein Glücksfall, fand sie hier doch eine ideale Mischung für die Zementherstellung vor. Heute sind Abbau und Produktion längst eingestellt. Es bestehen jedoch Pläne, die für die Schweiz einzigartige Schlucht mit ihren verschiedenen Gesteinsarten in einen Geopark zu integrieren, der unmittelbaren Einblick in die Erdgeschichte des Südtessins böte.

Vor 20 Millionen Jahren: Die gewaltige Kollision

Bei der weiteren Annäherung der beiden Platten kommt es vor 40 bis 20 Millionen Jahren – in der Tertiärzeit – zur Kollision der Kontinentalsockel von Europa und Afrika. Insgesamt wird der etwa 1000 Kilometer breite ursprüngliche Tethysbereich auf die nur gut 100 Kilometer des heutigen Alpenquerschnitts zusammengeschoben. Dabei kommt es weniger zu einer Auffaltung – obwohl vielerorts Gesteinsfalten zu beobachten sind, die diesen bis heute verbreiteten Begriff für die Entstehung der Alpen und anderer «Faltengebirge» nahelegen. Die Kollision führt vielmehr zur sogenannten Deckenbildung:

◄ **Ammoniten**

Die ursprüngliche Schale dieser Ammonshörner bestand aus Aragonit. Sie wurde später durch Pyrit ersetzt, daher die goldbraune Farbe. Die Ammonshörner, eine Gruppe der Kopffüßler, sind mit dem heute lebenden Nautilus verwandt. Da das Alter der verschiedenen Formen gut bekannt ist, dienen sie als Leitfossilien für die Altersbestimmung von Sedimentgesteinen.

Liesberg, BL.
Originalbreite 2,9 cm.
Coll. P. Hottinger

▼ **Gold**

Goldflitter aus der oberen Süßwassermolasse. Das Gold wurde durch die Verwitterung aus den Gesteinen der Alpen herausgelöst, durch die Ur-Aare in den Riesenschuttfächern des Napfgebiets transportiert und zwischen den Sandkörnern abgelagert. Hier können heute die einzelnen Flitter herausgewaschen werden.

Napfgebiet, LU
Originalbreite des größten Flitters 1,3 cm. Coll. J. Meekel

Die Platten zerbrechen, und riesige, Dutzende bis Hunderte von Kilometern breite und mehrere Kilometer mächtige Gesteinspakete werden nordwärts übereinandergeschoben. Die Alpen sind also ein typisches Deckengebirge.

Bei diesen Überschiebungsvorgängen verdickt sich die Erdkruste, und unter der Überlast und der höheren Temperatur werden die tiefsten Deckenpakete – sie reichten zu dieser Zeit in eine Tiefe von bis zu 30 Kilometern – erneut umgeformt. Solche metamorphen Gesteine, die aus einer Tiefe von 25 Kilometern stammen, stehen heute im Nordtessin an der Oberfläche an. Sie enthalten Mineralien, die sich nur in solchen Tiefen gebildet haben können, beispielsweise Disthen, Staurolith oder Sillimanit. In der Folge wird mit einer Geschwindigkeit von einigen Zentimetern pro Jahr ein mächtiges, in seinem Innern stark strukturiertes Gebirge aus der Kruste hochgedrückt. Für die erwähnten Nordtessiner Gesteine dauerte die Anhebung an ihren heutigen Standort rund 15 bis 20 Millionen Jahre.

Dieses Gebirge gleicht jedoch noch kaum unseren heutigen Alpen (dazu müssen noch mehrere Kilometer Gesteinsmaterial abgetragen werden). Während der Hebungsphase zerbrechen die Gesteine, und es öffnen sich Risse und Klüfte. Heiße Lösungen zirkulieren durch die Gesteine, und in den Hohlräumen kann eine Fülle von verschiedenen Kluftmineralien wachsen. Der Hauptteil der alpinen Kristalle stammt aus dieser Phase der Alpenbildung.

Für das heutige geologische Bild der Schweiz entscheidend ist, daß der sogenannte Adriatische Sporn der Afrikanischen Platte sich zwischen die europäische Unter- und Oberkruste bohrt. Dadurch werden rückwärtige Teile der Decke steilgestellt, während die südlicher gelegenen Bereiche, die heutigen Südalpen, weniger stark in die gewaltige Aufwölbung der Zentralalpen einbezogen sind. So entwickelt sich zwischen Zentral- und Südalpen eine große Bewegungszone, die sogenannte Insubrische Linie. Ihre Spuren können vom italienischen Val d'Ossola über Locarno und den Passo San Iorio ins Veltlin und bis zum Tonale-Paß verfolgt werden. Die Insubrische Linie ist eine der wichtigsten Grenzen zwischen einzelnen geologischen Einheiten in den Alpen. Die Vertikalbewegungen an dieser Störungszone, das heißt die Hebung des Nordblocks gegenüber dem Südblock, können auf über fünfzehn Kilometer geschätzt werden. Verbunden mit der Vertikal- ist auch eine Horizontalversetzung, sie liegt in der Größenordnung von fünfzig oder mehr Kilometern. Die Gesteine in der Bewegungszone sind so deformiert, daß sie sich deutlich von jenen in den beiden Blöcken unterscheiden lassen.

Da also Nord- und Südtessin zwei ganz verschiedenen geologischen Blöcken angehören, werden sie in den nachfolgenden, geografisch gegliederten Kapiteln auch getrennt behandelt.

Abtragung und Ablagerung

Das werdende Gebirge bleibt selbstverständlich nicht vom Zahn der Erosion verschont. Anhebung und Abtragung stehen in dauerndem Wettstreit. Große Ströme wie der Ur-Rhein, die Ur-Aare und der Ur-Tessin tragen den Schutt in die Senken im Norden und Süden. Die große alpine Hauptwasserscheide liegt zunächst weit im Süden, so daß die Flüsse, die gegen Norden entwässern, aus südlicheren Gegenden kommen als die heutigen. An der steiler aufgestellten Südflanke ist jedoch die Erosion viel stärker, so daß sich die Wasserscheide mit der Zeit nach Norden in die heutige Situation verschiebt.

Abgelagert wird der Schutt im Pobecken und im heutigen schweizerischen Mittelland. Dabei bleiben Geröll und Sand als schwere Fracht näher beim Gebirge liegen, während feineres Material weiter hinausgetragen wird. All diese Sedimente – Nagelfluh, Sandsteine, Mergel und Tone – nennt man Molasse. Anhand der Sedimentstrukturen und der seltenen Fossilien kann man erkennen, ob die Ablagerungen im Süßwasserbereich oder im Meer erfolgten, und spricht entsprechend von Süßwasser- und Meeresmolasse. Im schweizerischen Mittellandbecken erreichen die Molasseablagerungen eine Mächtigkeit von mehreren tausend Metern, wobei ein zweimaliger Wechsel von Meeres- und Süßwassermolasse zu beobachten ist. Da die Sedimentation grundsätzlich immer ungefähr auf Meeresniveau erfolgt, muß sich das Gebiet während der Schüttungen – als Gegenbewegung zur Hebung der Alpen – immer wieder eingesenkt haben.

Vor zwei Millionen Jahren bis heute: Die Eiszeiten

Ihre heutige äußere Gestalt erhielten die Alpen, im Gegensatz zur inneren Struktur, erst im erdgeschichtlichen Heute, während den Eiszeiten. Innerhalb der letzten zwei Millionen Jahre stießen die Gletscher mehrere Male aus den Alpen weit in die Ebenen vor. Diese alpinen Vorstöße erfolgten zeitgleich mit der Ausbreitung der skandinavischen Gletscher, die während ihrer größten Ausdehnung mehrfach ganz Norddeutschland bedeckten. Während der wärmeren Zwischeneiszeiten zogen sich die Gletscher jeweils wieder in ihre Ursprungsgebiete zurück.

Dieser Wechsel zwischen Perioden großer Vergletscherung und wärmeren Zwischeneiszeiten hat unsere Landschaft modelliert. Die gewaltigen Gletscher hobelten die großen Trogtäler aus, vielfach so tief, daß der Felsuntergrund mehrere hundert Meter unter der heutigen Talsohle liegt. Bei Martigny im Walliser Rhonetal zum Beispiel befindet er sich in einer Tiefe von tausend Metern. Andererseits fließt die Rhone bei St-Maurice direkt auf dem Fels, der damit etwa dem Rand dieser gewaltigen, vom Gletscher ausgehöhlten Schüssel entspricht. Wahrscheinlich war das Tal, als sich der Rhonegletscher nach der letzten Eiszeit zurückzog, zunächst von einem dem Léman vergleichbaren See bedeckt, bis es von den Seitentälern her wieder aufgefüllt wurde.

Im schweizerischen Mittelland und entlang der Südalpen lagerten die Gletscher den transportierten Schutt in Form von Moränenkränzen ab, während andere Moränen von einzelnen Stadien des Stillstands im Verlauf des Rückzugs zeugen. Nach dem Rückzug der Gletscher waren die steil ausgehobelten Talflanken jeweils instabil geworden, so daß Bergstürze von gigantischen Ausmaßen zu Tal donnerten. Eines der besten Beispiele ist sicher der Flimser Bergsturz im Vorderrheintal. Von Norden her wurde das ganze Tal aufgefüllt und bei Ilanz ein großer See aufgestaut. Der Rhein fraß sich dann in der einzigartig schönen Schlucht der Ruinaulta wieder durch diese Barriere. Wesentliche Teile der heutigen alpinen Bergwelt erhielten also erst während und nach der letzten Eiszeit ihr jetziges Aussehen. Es wandelt sich im übrigen stetig weiter, meist unmerklich, bei Bergstürzen, Erdrutschen und Hochwassern jedoch durchaus auch spektakulär.

Die Zeit der Alpen und die Zeit des Menschen

Noch vor etwa 25 000 Jahren, während der letzten Maximalausdehnung der Gletscher, erdgeschichtlich gesehen also vor einem Augenblick, lag Bern unter einer 300 Meter dicken Eisschicht. Deutlich älter, aber verglichen mit dem Alter der Erde ebenfalls jung sind die Alpen, wenn man die Plattenkolli-

◄ **Falten in Gneisen**

In einer Tiefe von etwa zwanzig Kilometern, wo Temperaturen von ca. 500 °C und hoher Druck herrschen, wurden diese Gneise in einer Decke im Nordtessin während der Alpenbildung wild verfaltet.

Verzasca, TI

► **Falten in Kalken**

Gut sichtbar sind die Falten dieser kreidezeitlichen Schichten von der Autostraße aus. Die Kalkbänke liegen allerdings nicht mehr am Ort, wo sie abgelagert wurden, sondern in der Decke der Kalkalpen.

Brienz, Berner Oberland, BE

sion als Geburtsdatum nimmt. Doch wie steht es mit dem Alter ihrer Gesteine und Mineralien? Hier sind jung und alt bunt gemischt.

Wie alt sind die alpinen Granite und Gneise, die Gesteine der Kontinentalkruste? Sie stammen zum großen Teil aus einem Gebirge, das rund 300 Millionen Jahre vor den Alpen entstand, und wurden wie erwähnt während der Alpenbildung wieder umgeformt, haben also eigentlich zwei verschiedene Alter.

Die im Erdmittelalter abgelagerten Sedimentgesteine aus der Tethys liegen in den Juraketten, in den Kalkalpen und im Mendrisiotto noch in ihrem ursprünglichen Zustand vor, zum Teil findet man sogar noch Reste des damaligen Meerwassers im Gestein eingeschlossen. In den Zentralalpen wurden solche Gesteine im Tertiär – also zu Beginn der Erdneuzeit, gleichzeitig mit der Metamorphose der Gneise und Granite – zu Marmoren und Kalkschiefern umgewandelt, in denen sich häufig seltene Mineralien finden. Auch die Grüngesteine der ozeanischen Kruste wurden als Ophiolite metamorphosiert.

Wie alt sind die Mineralien in den Klüften? Ob bestimmte Mineralien in den Ablagerungsgesteinen des Jura und des Mendrisiotto gleich alt sind wie die Gesteine selbst, ist schwer zu beurteilen. Möglich ist, daß Hohlräume während hundert oder zweihundert Millionen Jahren offen blieben und wir heute noch die damals gewachsenen Mineralien ans Tageslicht bringen können. In den Alpen öffneten sich die Spalten, Risse und Klüfte in einer relativ späten Phase der Gebirgsbildung, im Verlauf der allgemeinen Hebung. Erst in dieser Zeit konnten auch Lösungen zirkulieren, aus denen die Mineralien über längere Zeit, vielleicht während hunderttausend, vielleicht während einer Million und mehr Jahren auskristallisieren konnten.

Wie alt ist unsere Landschaft? Jedes Jahr wird ungefähr ein Millimeter der Erdoberfläche abgetragen. Die heutige Landschaft ist also, geologisch gerechnet, sehr jung. Sie ist im Zusammenhang mit den Eiszeiten und Zwischeneiszeiten, vor allem auch in der Nacheiszeit entstanden, sie wandelt sich ständig und wird sich morgen wieder anders zeigen als heute. Die Alpen sind in ständiger Bewegung.

► **Rheinschlucht**

Nach der letzten Eiszeit ging vom Flimserstein ein riesiger Bergsturz nieder, der bei Ilanz einen großen See aufstaute. In den nachfolgenden Jahrtausenden grub sich der Rhein die phantastische Schlucht der Ruinaulta durch die hellen, total zertrümmerten Kalksteine der Bergsturzmasse.

Versam, GR

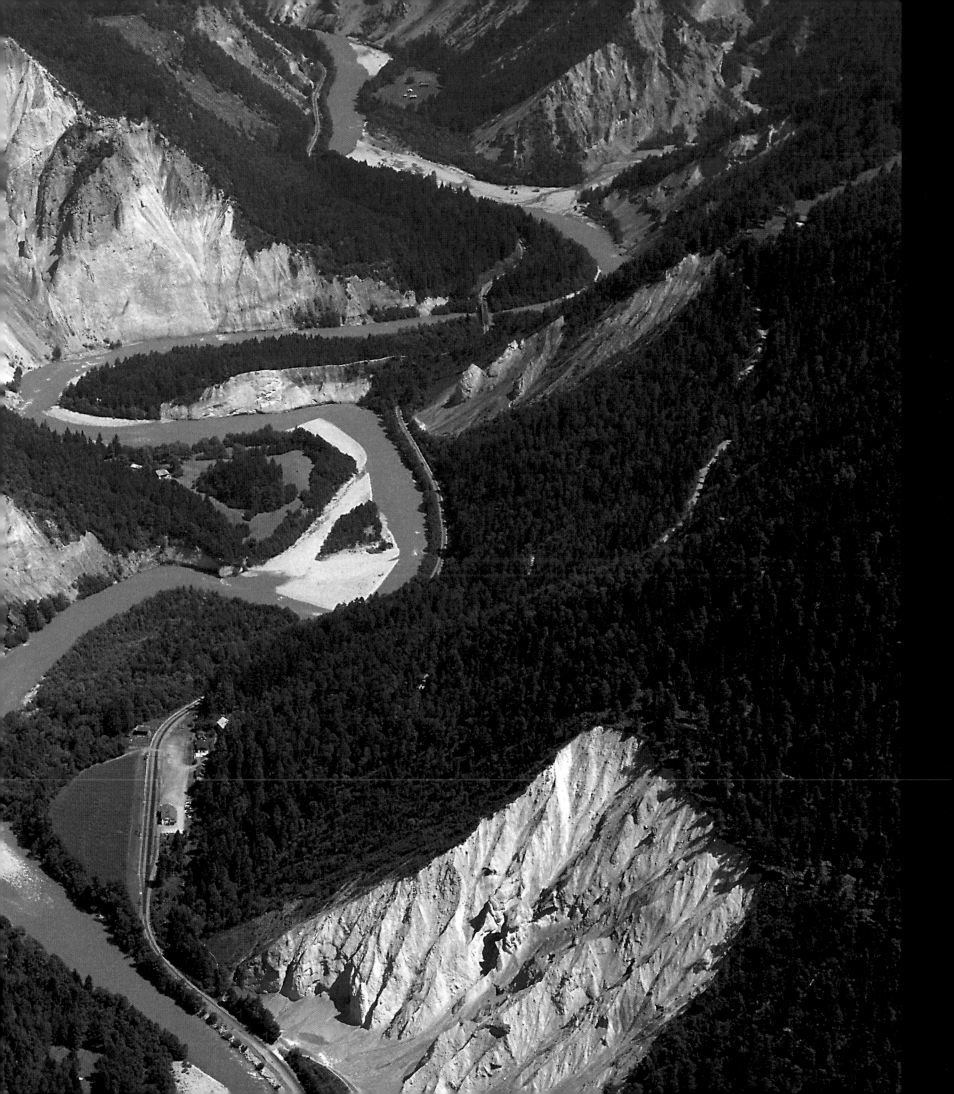

Kapitel 1

Jura und Kalkalpen
Mineralien im Kalkgebirge

Sowohl in den mehr oder weniger zerklüfteten Kalkalpen wie in den Ketten des Juragebirges finden sich Kristalle; Quarz allerdings ist hier nicht das typische Mineral. Aufgebaut sind diese Gebirge aus Sedimentgesteinen, in erster Linie aus Kalksteinen, in denen häufig Fossilien und andere Lebensspuren eingeschlossen sind, und aus Mergel. Zur Palette der Gesteinsarten gehören in solchen Gebieten außerdem Dolomit, Gipslagen, Tonschichten und Sandsteinbänke. Unter dem Begriff Kalkalpen versteht man die lange Zone von gefalteten Sedimentdecken, die den Außenrand des Alpenkörpers vor der subalpinen Molasse bilden und gemeinhin auch Voralpen genannt werden. In der Schweiz sind sie von den kristallinen Zentralalpen etwa auf einer Linie von Martigny–Leuk–Grindelwald–Innertkirchen–Altdorf–Ilanz–Klosters geschieden.

Die Hohlräume, in denen Kristalle in ihrer Eigenform wachsen konnten, entstanden hier auf verschiedene Weise. Häufig gehen sie auf die hohlen Kalkschalen fossiler Tiere zurück. Typisch und bedingt durch die starke Wasserlöslichkeit von Kalk und Gips sind jedoch auch zahlreiche durch Auflösung entstandene Löcher und Höhlen sowie Risse, Klüfte und Spalten, die sich bei der Überschiebung der Kalkalpendecken und der Auffaltung der Juraketten bildeten.

Hier sind die Kalkschichten aus der Jurazeit verbogen und bilden ein großes Gewölbe. Im Kern befinden sich weichere Mergelschichten. Vom Val-de-Travers aus wurde erst viel später der gewaltige Kessel des Creux-du-Van herauserodiert. Neuenburger Jura.

Von der Auflösung zur Kristallisation

Auflösung von Kalkstein als chemische Reaktion mit dem Wasser ist im Jura und in den Kalkalpen allgegenwärtig; alle diesbezüglichen Phänomene werden im Begriff Karsterscheinungen zusammengefaßt. Das Wasser transportiert das gelöste Calcium an Orte, wo es wieder ausgeschieden wird oder ausfällt. So tritt Calcit in Kalkgebirgen natürlicherweise als Hauptkluftmineral auf. Vielfach sind die Hohlräume vollständig ausgefüllt und bilden feine weiße Adern im Gestein. Häufig sind aber auch mit kleinen, spitzen Calcitkristallen ausgekleidete Drusen. Diese Kristalle sind meist farblos bis weiß, können aber durch Spuren anderer Stoffe auch ganz verschieden gefärbt sein. Calcit kristallisiert in einem Formenreichtum, der von keinem anderen Mineral übertroffen wird. Den wohl spektakulärsten Calcitkristallfund in der Schweiz machte man 1965 im Eisenbergwerk Gonzen bei Sargans. Beim Vortreiben eines Schrägschachts stieß man auf eine etwa 16x9 Meter große Kluft, die im Zusammenhang mit einer Verwerfung im Gebirge entstanden war. Darin fanden sich riesige, bis 80 Zentimeter große Calcitkristalle, die die Kluftflächen teppichartig bedeckten. Einige dieser Riesenkristalle wurden geborgen, so daß heute ein Teil dieses Calcitschatzes wiederaufgebaut im Naturhistorischen Museum Bern zu bewundern ist. Leider fiel der Rest dem Vandalismus zum Opfer.

Besondere Calcitformationen sind die Tropfsteine, die Stalagmiten und Stalaktiten. Da sich hier die Calcitkristalle nicht in einer zirkulierenden Lösung, sondern in Tropfwasser bilden, bleiben sie so winzig, daß sie von bloßem Auge nicht sichtbar sind. Einzig das sekundenschnelle Aufblitzen beim Anleuchten verrät die vielen kleinen Spiegelflächen der Minikristalle.

Himmelblauer Coelestin

Natürlich finden wir in Kalkgebirgen nicht nur Calcit, da hier ja auch andere Elemente in wässerigen Lösungen wegtransportiert werden können. Ein bekanntes Beispiel ist in bestimmten Schichten das Auftreten von Strontium. Geht es in Lösung, kann in Drusen oder Ammonitenkammern Coelestin auskristallisieren. Die schönsten Kristalle dieses blauen, farblosen oder rosa Minerals findet man im Jura. Berühmt sind Coelestine etwa aus der aufgelassenen Erzgrube von Herznach bei Frick.

Von Gips- und Salzkristallen

An die Schichten aus der Triaszeit gebundene Kristalle im Jura sind Anhydrit, Gips und Steinsalz. Anhydrit wandelt sich durch Wasseraufnahme in Gips um, so daß in Oberflächennähe nur Gips vorkommt. Gips kristallisiert zudem immer aus, wenn Wasser anwesend ist. Er findet sich in verschiedenen Gipsgruben, die heute meist stillgelegt sind. Einzig im Gipssteinbruch Leissigen im Kanton Bern können noch frische Anrisse abgesucht werden, hier finden sich neben Gips- auch Anhydritkristalle. Ein unmittelbar lebenswichtiges Mineral ist Steinsalz. Während langer Zeit war das Salzbergwerk

◄ Calcit

Verglichen mit den Riesenkristallen vom Gonzen (rechts) sind diese Calcitkristalle deutlich kleiner. Interessant ist ihre stark abweichende Form mit markanten Spitzen. Die gelblich-bräunliche Färbung deutet auf einen geringen Eisenanteil im Kristall hin. Die Farbpalette von Calcit kann nahezu alle Farbtönungen bis hin zu Schwarz umfassen.

Kalkalpen, Gurnigel, Gasterntal, BE. Originalbreite 10 cm
Coll. H. Flück

► Calcit

Einmalig ist der Fund der bis 80 cm großen, weißlichgrauen Calcitkristalle aus einer Riesenkluft, die 1965 entdeckt wurde. Es handelt sich um ineinander verwachsene Einzelkristalle, die auf den Kristallflächen Spuren der perfekten Spaltbarkeit des Calcits in Rhomboederform zeigen. So könnte man aus einem großen Kristall immer kleinere Rhomboeder abspalten.

Kalkalpen, Eisenbergwerk Gonzen, Sargans, SG. Originalbreite 32 cm
Coll. Naturhistorisches Museum Bern

von Bex im Waadtland der einzige Salzlieferant im Gebiet der heutigen Schweiz. Hier geschah der Abbau früher bergmännisch, und zu dieser Zeit wurden viele ausgezeichnete Stufen von Steinsalz und Anhydrit gefunden.

Eisenerz aus dem Jura und Sarganserland

Mineralien von besonderem wirtschaftlichem Interesse fand man in vielen heute aufgelassenen Eisenbergwerken. In der bereits erwähnten Grube Herznach baute man eine Eisen-Oolithschicht aus der mittleren Jurazeit ab. Dieses Gestein besteht aus einer Vielzahl millimetergroßer limonitreicher Kalkkügelchen. Das Herznacher Erzflöz erstreckte sich über 5,5 Quadratkilometer und war bis 3,5 Meter mächtig. An Eisenmineralien enthielt es vor allem Geothit und Pyrit. Die geologische Situation im Bergwerk Gonzen, das heute als Schaubergwerk besucht werden kann, unterscheidet sich

▼ **Pyrit auf Calcit**

Die Wände einer kleinen Druse in Kalken aus der Kreidezeit wurden zunächst von hellen Calcitkristallen überzogen. In einer späteren Phase wuchsen noch goldgelbe Pyrite auf die Calcite auf.

Neuenburger Jura, Cornaux, NE
Originalbreite 4,8 cm
Coll. W. Elsasser

▶ **Coelestin**

Eine Gruppe von glasklaren, eher länglichen Kristallen aus einem ehemaligen Kalk- und Mergelsteinbruch im Waadtländer Jura. Im allgemeinen ist Coelestin als «Himmelszeltkristall» transparentblau.

Baulmes, VD. Originalbreite 4,4 cm
Coll. W. Elsasser

stark von derjenigen im Jura. Wir befinden uns hier in den Kalkalpen, den aufgefalteten Sedimenten des weiten europäischen Schelfbereichs des Erdmittelalters. Die zweitausend Meter mächtigen Ablagerungen bildeten sich in diesem über Jahrmillionen relativ stabilen Flachwassergebiet, dessen Untergrund sich unter ihrem Gewicht in etwa gleichem Maß absenkte, wie der Materialeintrag erfolgte. Der rund 2 Meter mächtige Erzhorizont liegt zwischen Kalkbänken aus der späten Jurazeit, die vor etwa 150 Millionen Jahren entstanden. Im Gebiet des heutigen Gonzen müssen auf relativ beschränktem Raum Eisenerz-Schlammpartikel ausgefällt worden sein, die vielleicht durch eisenhaltige Thermalwässer herangetragen wurden. Während der Gesteinsverfestigung wurde der Schlamm umgewandelt, und es kristallisierte Hämatit aus, auch Eisenglanz, Roteisen- oder Blutstein genannt. Daneben kommen Magnetit und Siderit als Kluftmineralien vor. In der «Eisenerzschicht», der Hauptschicht der Mineralisation, ist stellenweise auch Manganerz eingelagert.

Abgebaut wurde hier der Hämatit, und zwar schon vor Jahrtausenden. Gesicherte Spuren eines Abbaus von Gonzenerz findet sich in Schlackenfunden, die auf etwa 200 v. Chr. datiert werden konnten. Belegt ist der mittelalterliche Abbau erstmals im Jahre 1396, doch muß die Erzschicht schon früher ausgebeutet worden sein. Von 1400 Metern Höhe, wo die Erzschicht ans Tageslicht tritt, folgten die Schächte dem Flöz bis Ende des 19. Jahrhunderts in die Tiefe, später trieb man tiefer angesetzte Zugangsstollen vor, 1949/50 dann den Basisstollen, der die erzführende Schicht direkt von Sargans aus erschloß. 1966 lohnte der Abbau nicht mehr und wurde eingestellt. Ein Besuch des Gonzenbergwerks und Museums (Voranmeldung erforderlich) informiert nicht nur über die geologischen Verhältnisse im Berg, ebenso interessant ist die Anlage des Stollen- und Schachtsystems. Die Ausstellung zeigt die Arbeit der Bergleute, alte Werkzeuge und Bergwerkfahrzeuge sowie eine Mineraliensammlung.

Geotop und Kulturdenkmal: die Mürtschenalp

Die Mürtschenalp – über dem Walensee am Fuß des Silberspitz in den Glarner Kalkalpen gelegen – ist mit dem benachbarten Murgtal ein überaus reizvolles Ziel für eine Bergwanderung, nicht zuletzt wegen des vom Gletscherschliff freigelegten prachtvoll roten Verruccano-Konglomeratgesteins. Darüber hinaus ist es ein geologisch hochinteressantes sogenanntes Geotop. Das im Perm gebildete Konglomerat enthält nämlich verschiedene kleine, silberhaltige Kupfer- sowie Uranvererzungen. 1849 versuchte eine eigens gegründete Bergwerksgesellschaft die Nutzung, nicht zuletzt, weil alte Stollen auf einen früheren Abbau hinwiesen. 1861 mußte der Betrieb jedoch eingestellt werden, da der Erzreichtum im Berg schnell abnahm. Heute sind auf der Mürtschenalp noch Ruinen der verschiedenen Gebäude zu sehen.

Mineralien auf dem Dach

Vor dem Aufkommen der Ziegelindustrie war der Abbau von Dachschiefern vielenorts in der Schweiz ein wichtiger Erwerbszweig. Das bekannteste dieser Gebiete ist sicher das Glarner Sernftal. Dachschiefer sind petrographisch betrachtet Tonschiefer, die aus Ablagerungen submikroskopisch kleiner

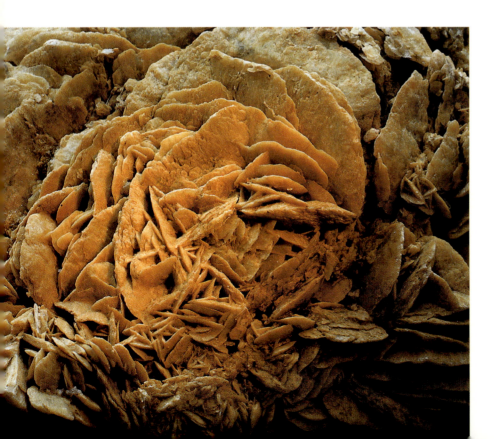

◀ Gipsrose

Solche rosettenartigen Anordnungen von linsenförmigen und bräunlich-rötlichen einzelnen Gipskristallen werden als Gipsrosen bezeichnet. Sie gleichen den Wüstenrosen, die sich heute zum Beispiel in der Sahara finden. Dies ist ein Hinweis darauf, daß während ihrer Entstehung im Tertiär im Jura zeitweise ebenfalls ein Wüstenklima geherrscht haben muß.

Jura, Delémont, JU. Originalbreite 9 cm. Coll. Naturhistorisches Museum Bern

▶ Gips

Diese glasklaren, durchsichtigen Kristalle wuchsen frei in einer Kluft in Gesteinen der Triaszeit. Deshalb konnten sich viele der Kristallflächen besonders schön entwickeln. Leider ist beim großen Kristall auf der linken Seite ein Stück abgebrochen. Gipskristalle können sehr jung sein, wie etwa Exemplare beweisen, die auf altem Grubenholz aufgewachsen sind.

Jura, Zeglingen, BL
Originalbreite 3,2 cm
Coll. H. Flück

Tonmineralien entstanden. Diese Tonschichten wurden während der Alpenbildung stark verfaltet und verschiefert, so daß die Tonblättchen heute parallel angeordnet sind und die Gesteinsblöcke in dünne Platten aufgespalten werden können. Berühmt sind im Sernftal vor allem zwei Bergwerke. Dasjenige von Elm, wo der unsachgemäße Untertagebau am 11. September 1881 einen Bergsturz auslöste, der große Teile des Dorfes verschüttete, und der Landesplattenberg von Engi. Der Name geht auf das Recht des Landes Glarus zurück, die Abbaubewilligung zu erteilen. Hergestellt wurden nicht nur Dachplatten: Berühmt waren die Glarner Schiefertische und bis weit ins 20. Jahrhundert hinein die Schiefertafeln für die Schulen. Beim Aufspalten der Schieferblöcke kamen immer wieder wunderschöne Versteinerungen vorzeitlicher Fische und anderer Meeresbewohner zum Vorschein. 1961 wurde der Betrieb eingestellt; heute kann man einen Teil des Bergwerks geführt besuchen.

Eine Bündner Goldgrube

Gold läßt sich in der Schweiz nicht nur am Napf finden – wo schon die alten Berner und Luzerner Gold wuschen und wo man dies heute im «Goldrush»-Tenü als geführtes Freizeitvergnügen tun kann. Das edle Metall tritt zum Beispiel auch in den Kalkschichten des Taminser Calanda auf, einem Gipfel der Calandakette zwischen Churer Rheintal und Kunkelstal, und zwar in Form von Goldblättchen in Quarz-Calcit-Gängen. Während langer Zeit konnte hier genug Gold gefördert werden, um Dukaten zu prägen. 1809–1813 und 1856–1861 versuchte das Goldbergwerk zur «Goldenen Sonne» sein Glück, doch die kurzen Betriebszeiten beweisen, daß dem Goldrausch schnell die Ernüchterung folgte: Die Abbaukosten dürften wesentlich höher gewesen sein als der Ertrag. Dessenungeachtet machten Strahler 1960 in diesem Gebiet beachtliche Funde: Die Goldblätter waren bis zu 8 x 2 Zentimeter groß!

▶ **Steinsalz (Halit)**

Es handelt sich um eine Gruppe von würfelförmigen, hellen Steinsalz- oder Halitkristallen, die an der Wand einer Druse in Salz-Anhydrit-Gesteinen aus der Trias wuchsen. Halitkristalle zeigen meist ihre typische Würfelform, die unter dem Mikroskop auch bei Kochsalzkristallen zu erkennen ist. Da Halit im Wasser sehr gut löslich ist, halten sich die Kristalle nur in trockener Umgebung.

Salzbergwerk Bex, VD
Originalbreite 11,4 cm
Coll. Naturhistorisches Museum Bern

Kapitel 2

Aar- und Gotthardmassiv
Das Paradies der Strahler

Im Zusammenhang mit einzigartigen Kristallfunden ist oft vom Aar- und vom Gotthardmassiv die Rede. Geografisch liegen sie im Herzen der Schweiz, geologisch allerdings gehören sie zu den äußeren Kristallinalpen. Das Aarmassiv erstreckt sich vom Lötschental über das Hasli- und Reußtal bis in die Gegend des Tödi, das Gotthardmassiv südlich anschließend von Brig bis ins Somvixertal im Bündner Oberland.

Am Schluß dieses Kapitels sind zudem die Unterwalliser Fundorte behandelt, die zum Mont-Blanc- und zum Aiguilles-Rouges-Massiv gehören. Diese entsprechen nämlich derselben geologischen Zone, die zwischen Lötschental und Martigny unter den Kalkalpen durchtaucht. Aar- und Gotthardmassiv bestehen vorwiegend aus rund 300 Millionen Jahre alten Krustengesteinen. Sie bildeten den Untergrund des Tethysmeers und wurden beim Zusammenschub der Kontinentalplatten im Tertiär mäßig verschiefert und metamorphosiert. Die ursprünglichen geologischen und petrographischen Verhältnisse sind deshalb noch weitgehend erkennbar. Erst relativ spät in dieser langen Entstehungsgeschichte rissen die gewaltigen Klüfte auf, in denen in den letzten zweihundert Jahren einzigartige Mineralienfunde gemacht wurden, allen voran die wohl berühmtesten Quarz- oder Bergkristallstufen der Welt.

Eine wichtige Zone im Aarmassiv bildet die ungefähr 280 Millionen Jahre alte Intrusion des zentralen Aaregranits. In diesem Gestein findet man viele der berühmten Mineralklüfte mit Quarz und Adular. Zu den bedeutendsten Fundorten gehört der Vordere Zinggenstock, vor allem mit der Rufibachschlucht. Grimselgebiet, BE

Mineralklüfte reißen auf

In den Alpen finden sich viele ausgezeichnet gewachsene Mineralien in sogenannten Klüften. Diese Hohlräume entstanden in einem relativ späten Stadium der Alpenbildung, als in den Gesteinen Temperaturen von wenigen hundert Grad herrschten. Bei solchen Temperaturen werden Gesteine nämlich nicht mehr plastisch verformt, sondern reagieren auf Druck durch Zerbrechen. Dabei bilden sich Klüfte und Verwerfungen. Besonders interessant ist die Bildung der Zerrklüfte, die häufig ungehindert gewachsene Kristalle enthalten. In Aar- und Gotthardmassiv finden sich Gesteinspartien mit meist fast senkrecht stehender Schieferung, an der Platten abgespalten werden können. Die Schieferung ist in den Gneisen sehr gut, im Granit dagegen nur schwach entwickelt. Der seitliche Druck der Gebirgsbildung läßt das Gestein nach oben ausweichen, wo am wenigsten Widerstand vorhanden ist. Gneise geben dem Druck nach und verformen sich, die steiferen Granitpakete hingegen zerbrechen, und es bilden sich linsenartige Hohlräume.

Zerrklüfte sind manchmal nur wenige Zentimeter groß und enthalten dann nur millimetergroße Kristalle, die bei seltenen Arten allerdings sehr wertvoll sein können. Vielfach haben die Klüfte Ausmaße im Dezimeterbereich; die berühmten Riesenklüfte hingegen können zwanzig Meter und mehr erreichen. So führt die Sandbalm-Kluft im Göschenertal fünfzig Meter ins Berginnere. Scherklüfte wiederum entstehen, wenn sich bei seitlichem Druck zwei Blöcke entlang einer Scherzone gegeneinander verschieben. Sie sind nicht symmetrisch wie die Zerrklüfte, sondern haben S-Form. Auch Scherklüfte können Kristalle enthalten, ja vielfach sind sie durch Kristallisationen vollständig ausgefüllt.

Entlang von Rissen zirkuliert im Berginnern dauernd Wasser, das mit zunehmender Tiefe immer wärmer ist. Da mit der Tiefe auch der Druck zunimmt, kann es bei 100 °C nicht verdampfen, sondern bleibt in einem Zustand zwischen flüssig und gasförmig. Da die Temperatur um ungefähr 33 Grad pro Kilometer ansteigt, herrschen in zehn Kilometern Tiefe rund 300 °C. Die heißen Wässer lösen die gesteinsbildenden Mineralien entlang ihrer Fließwege auf. In offenen Klüften, wo die Wässer extrem langsam zirkulieren, fällen solche Stoffe – bei Quarz zum Beispiel Silizium – wieder aus: es wachsen Kristalle.

Zwischen Aare und Reuß – das Reich des Bergkristalls

Das Aarmassiv-Gebiet vom Umkreis des Grimselpasses bis zur Urner Reuß ist weltweit der vielleicht berühmteste Fundort für außerordentlich schöne

◄ Fadenquarz und Apatit

Unter dem Mikroskop entpuppt sich der milchigweiße Streifen als Fülle winziger Einschlüsse. Dem hellen, plattigen Quarz wuchsen später bräunliche Apatitkristalle auf.

Aarmassiv, Intschitobel, UR
Originalbreite 5,5 cm
Coll. W. Elsasser

► Rauchquarz

Dieser Kristall ist als sogenannter Gwindel mit leicht verbogener oder gewundener Fläche gewachsen. Statt daß nur eine Spitze ausgebildet ist, finden sich hier beidseits ganze Spitzenserien.

Aarmassiv, Galenstock, VS/UR
Originalbreite 5,5 cm. Coll. H. Flück

Quarzstufen. Es gehört zum mächtigen zentralen Aaregranitstock, der vor rund 280 Millionen Jahren in die umgebenden Gneise eindrang. Während der Alpenbildung wurde dieser Granit in einer Tiefe von etwa zehn Kilometern zonenweise verschiefert, dazwischen blieben Partien der ursprünglichen granitischen Struktur erhalten: eine ideale Mischung für die Bildung von Zerrklüften in der folgenden Hebungsphase. Sie enthalten heute neben Quarz (Bergkristall) auch Adular, Fluorit, Calcit, Chlorit, Ankerit, Siderit, Muskowit, Galenit, Pyrit, Ilmenit, Rutil, Anatas, Brookit sowie Apatit, wobei selbstverständlich nie alle Mineralarten zusammen auftreten.

Berühmt für außerordentliche Quarzfunde ist der Zinggenstock (BE). Hier wurden zwischen 1719 und 1740 über 50 Tonnen farbloser Bergkristall geborgen, wobei der schwerste Kristall rund 400 Kilo wog. Damals waren Quarzkristalle ein gesuchtes Material. Es wurde geschliffen und für verschiedene Schmuckgegenstände verwendet. Obwohl viele Klüfte völlig ausgeräumt wurden, machen Strahler an diesem Berg bis heute immer wieder ausgezeichnete Funde.

Wie viele Quarzkristalle aus der größten Kluft der Alpen, der Sandbalmhöhle am Eingang zum Voralptal (UR), gewonnen werden konnten, läßt sich nicht mehr nachvollziehen, es muß aber ebenfalls eine enorme Menge gewesen sein.

1868 machten vier Strahler aus Guttannen im Haslital (BE) einen besonderen Fund. Hoch über dem Tiefengletscher im Kanton Uri stießen sie am Gletschhorn auf eine über fünf Meter große und zwei Meter hohe Kluft, deren Grund hoch mit Kluftlehm bedeckt war. Darin lagen große, bis 135 Kilo schwere Morione – extrem dunkle Rauchquarze –, die von der Decke heruntergestürzt waren, aber auch Galenit und Fluorit. Mit Hilfe von Dorfgenossen sicherten sich die Berner Strahler den wertvollen Fund unverzüglich, bevor die Urner Behörden davon Wind bekamen. Deshalb können heute einige der schönsten Stücke im Naturhistorischen Museum Bern bewundert werden.

Die geschützte Mineralkluft: Gerstenegg

Während des Ausbaus der Grimsel-Kraftwerke im Haslital, 1973 bis 1980, stieß man im Oktober 1974 beim Vortrieb des Zugangsstollens von der

► **Amethyst**

In dieser Gruppe erscheint der untere Teil der Quarzkristalle als durchsichtiger Bergkristall, im oberen Teil hat eine Violettfärbung zur Bildung von Amethyst geführt.

Aarmassiv, Fieschergletscher, VS
Originalbreite 12,5 cm
Coll. E. Rufibach

Gerstenegg zur Zentrale Grimsel-Oberaar auf eine Kristallkluft. Sie führte offensichtlich weiter ins Berginnere, eine große Kristallplatte versperrte jedoch den Zugang. Die Experten waren sich einig, daß die Kluft unbedingt als Ganzes erhalten werden müsse, weshalb man sie über Nacht bewachte und anderntags zumauerte, um die Bauarbeiten ungehindert fortsetzen zu können. Der Kanton Bern stellte sie am 11. Dezember 1976 vorsorglich unter Schutz. Ab 1983 begann die Untersuchung der Kluft mit der Bergung der 875 Kilo schweren Kristallplatte, die heute im Verwaltungsgebäude der Kraftwerke Oberhasli in Innertkirchen aufgestellt ist. Der Hohlraum selbst reichte 5,6 Meter tief in den Berg, und man konnte feststellen, daß sich

▼ **Adular mit Chlorit**

Die Farbe von Adular ist normalerweise weißlich, die blaugrüne Färbung hier wird durch einen dünnen Überzug feinster Chloritschüppchen verursacht. Der bizarre Aufbau ist dadurch entstanden, daß ein Kristall dem andern aufgewachsen ist.

Aarmassiv, Grisighorn VS
Originalbreite 8,5 cm
Coll. H. Flück

▶ **Adular mit Rauchquarz**

Übereinandergewachsene Adularkristalle bilden bizarre Türmchen. Beim linken setzten sich außerdem zuletzt feine Chloritschüppchen auf einem Teil der Oberfläche fest, beim rechten ist am Fuß noch ein kleiner Rauchquarz angewachsen.

Aarmassiv, Grimsel, BE
Originalbreite links 6,9 cm,
rechts 7,3 cm. Coll. E. Rufibach

dahinter eine weitere Kluft befinden mußte. 1985 wurde dann die Doppelkluft mit einem Besichtigungsstollen erschlossen, beleuchtet und durch eine Informationstafel sowie Vitrinen mit Fundstücken ergänzt. Um Beschädigungen durch Unbefugte zu verhindern, sind nur geführte Besuche möglich.

Das Umgebungsgestein der Kluft ist ein Granodiorit, der sich vom helleren Aaregranit durch eine leicht andere Zusammensetzung unterscheidet und auch wesentlich stärker geschiefert ist. Hier ist Plagioklas mit 35–50 % neben Quarz, Kalifeldspat und Biotit das häufigste Mineral, während in Graniten meist Kalifeldspat vorherrscht. Nach dem Entfernen des Chloritsandes, der den Boden bedeckte, präsentierte sich die Mineralkluft in ihrer ganzen Pracht. Boden wie Decke sind mit einem Teppich von durchsichtigen, 10 bis 20 Zentimeter großen Bergkristallen übersät. Den Quarzkristallen sind oft rosarote Fluorite aufgewachsen. Auf der Chloritmasse wurden auch

▼ **Rosa Fluorit**

Das Grimselgebiet ist eine der bekanntesten Fluoritfundstellen. Der rosa Fluorit kann einfache Würfel bilden, hier zeigt er aber eine komplizierte Form mit zwei ausgeprägten Spitzen.

Aarmassiv, Zinggenstock, Grimselgebiet, BE. Originalbreite 4,2 cm
Coll. P. Hottinger

▶ **Fluorit**

Diese Gruppe von wunderbaren bläulichen Fluoritkristallen besteht aus kleinen und großen Einzelkristallen mit Doppelpyramidenform.

Aarmassiv, Baltschiedertal, VS
Originalbreite 1,6 cm
Coll. P. Hottinger

sehr dünne, bis 25 Zentimeter große Calcittafeln gefunden. Stellenweise sind außerdem Pyrit, Bleiglanz, Adular, Epidot und andere Mineralien vorhanden.

Blei und Molybdän

Zwei in der Schweiz eher seltene Elemente wurden früher im Walliser Teil des Aarmassivs bergmännisch gewonnen: Blei bei Goppenstein und Molybdän im Baltschiedertal. Seit dem Spätmittelalter bis Anfang dieses Jahrhunderts baute man bei Goppenstein in verschiedenen Stollen Blei und Zink ab. Der in Chlorit-Sercit-Schiefern eingelagerte und von Quarz-
bändern begleitete Erzgang kann über 6 Kilometer verfolgt werden und enthält Bleiglanz, Zinkblende und Pyrit sowie Spuren von Silber. Heute ist man sehr darum bemüht, den ganzen Komplex als Industriedenkmal zu erhalten.

Auf einer der wohl entlegensten Abbaustellen der Schweiz, im hinteren Baltschiedertal, suchte man während des Zweiten Weltkriegs auf über 2700 Metern in einer steilen Felswand nach Molybdän, da dort mehrere Quarzgänge im Granit Molybdänit enthalten.

Mineralien im Goms

Jedes Jahr findet in Fiesch (VS) eine wichtige Mineralienbörse mit Funden aus dem Goms und dem nahen Binntal statt. Während die Nordflanke des Goms vom Aarmassiv aufgebaut wird, stehen auf der Südseite Gesteine des Gotthardmassivs an. Das Aarmassiv bietet wiederum äußerst vielfältige Mineralvergesellschaftungen: Häufig sind Quarz, Adular, Apatit und viele andere, die hier nicht im einzelnen aufgeführt werden können. Eine Besonderheit sind die Vorkommen von Amethyst, der violett gefärbten Quarzvarietät mit winzigen Hämatiteinschlüssen. Im Gegensatz zu vielen anderen Gebieten kommt im Goms ein grünlicher Fluorit vor. Daneben ist das mittlere Goms ein Fundgebiet für Eisenrosen; dabei handelt es sich hier um den aufgeblätterten Typus mit feinen Hämatitblättchen.

Auch die Südseite des Goms lieferte schöne Kluftmineralien, und zwar sowohl aus den gneisig-schieferigen als auch aus den granitischen Zonen. Eine Besonderheit ist der Grenzbereich zwischen Aar- und Gotthardmassiv. Er besteht aus leicht umgewandelten Sedimentgesteinen, insbesondere Kalken, führt vom Goms weiter ins Urserental und wird deshalb Urserenzone genannt. Ein besonders gut aufgeschlossenes Profil ist hinter der Kaserne Andermatt zu sehen. Da hier Calcit aus dem Kalkstein gelöst werden kann, kommt es in Klüften zu Calcitkristallisationen. Aber auch die eisen- beziehungsweise eisen- und magnesiumhaltigen Mineralien Siderit und Ankerit finden sich hier.

Auf dem Gotthard

Oberhalb von Hospental zweigt von der Gotthardpaßstraße eine Werkstraße gegen Westen ab, die zu einem Steinbruch führt. Hier baut man mit viel Erfolg ein ähnliches Grüngestein ab wie im Tavetsch, allerdings ist es hier meist wesentlich serpentinreicher und kann für verschiedenes genutzt werden. In Talkadern, welche die große Serpentinlinse durchschlagen, sind neben Talk auch Dolomit sowie eher selten Apatit, Ilmenit, Rutil und Magnetit zu erkennen. Ähnliche Linsen finden sich im Gotthardmassiv vom Goms

---

▼ **Pyrit auf Dolomit**

Dolomit bildet ähnliche Kristalle wie Calcit, und sie weisen eine ebenso gute Spaltbarkeit auf. Auf diesem weißen Teppich ist später eine kleine Gruppe von goldgelben Pyriten gewachsen.

Gotthardmassiv,
Furkabahntunnel, VS
Originalbreite 2,9 cm
Coll. W. Elsasser

▶ **Calcit**

Bei diesen beiden herrlich durchscheinenden, leicht gelblich-bräunlichen Calcitkristallen aus einer Kluft zeigt das rechte Exemplar deutlich die gute Spaltbarkeit dieses Minerals.

Aarmassiv, Zinggenstock,
Grimselgebiet, BE
Originalbreite 3 cm
Coll. E. Rufibach

bis ins Tavetsch, allerdings werden sie nicht mehr genutzt, und ihre Existenz ist nur noch auf geologischen Karten vermerkt.

Das Gebiet des Gotthardpasses wird ebenfalls von alten Granitkörpern gebildet, die jedoch wesentlich stärker verschiefert sind, da sie während der Alpenbildung höheren Temperaturen ausgesetzt waren als die Gesteine des Aarmassivs. Vielfach bezeichnet man sie deshalb als Granitgneise. Charakteristische Mineralien des Paßgebiets sind die Eisenrosen aus blütenartig angeordneten Hämatitblättchen, die hier kugelige Rosetten aus eher dicken Tafeln bilden, sogenannte Kompaktrosen.

Eine Fahrt auf der alten Tremolastraße führt an verschiedenen Gesteinsaufschlüssen der sogenannten Tremola-Serie vorbei. Das sind Glimmer-

▼ **Anatas auf Adular**

Auf den hellen Adularkristallen wuchs nachträglich ein kleiner honigbrauner Anatas auf. Seine Form besteht aus zwei vierseitigen, mit ihrer Grundfläche aneinanderstoßenden Pyramiden. Damit weist der Kristall acht Dreiecksflächen auf.

Gotthardmassiv, Piz Tanelin, GR
Originalbreite 1,2 cm
Coll. H. Flück

▶ **Eisenrose**

Metallisch glänzende Hämatitblättchen sind einander rosettenförmig aufgewachsen und vermitteln den Eindruck einer sich öffnenden Rose. Die alpinen Klüfte enthalten Hämatit vielfach als – meist aufgeblätterte – Eisenrosen.

Aarmassiv, Grimsel, BE
Originalbreite 2,7 cm
Coll. E. Rufibach

schiefer mit in Eigenform gewachsenen Granaten und Hornblenden. Die rötlichen Granate können bis 2 Zentimeter Durchmesser erreichen, und die schwarzen Hornblende-Stengel sind garbenartig angeordnet. Die sehr dekorativen Gesteine tragen deshalb den Namen Granat-Hornblendegarben-Schiefer.

Einen Überblick über Geologie und Mineralogie des Gotthardgebiets bietet das Paßmuseum im ehemaligen Hospiz.

Das Tavetsch

Diese Quellregion des Vorderrheins ist für ihre Mineralien fast so berühmt wie das Grimselgebiet. Die Berge nördlich des Vorderrheins gehören ebenfalls zum Aarmassiv. Hier ist das Intrusivgestein Giuv-Syenit, das sich deshalb chemisch von Granit unterscheidet, verantwortlich für viele interessante Mineralbildungen. In seinen Klüften finden sich Quarz, Adular, Calcit, Chlorit, feine Hornblende (Amiant), Apatit, Titanit, Epidot, Fluorit... Auch die Gebiete der südlichen Seitentäler, die größtenteils zum Gotthardmassiv gehören, sind für ihren Mineralreichtum bekannt. Besonders erwähnenswert ist der Ausgang des Val Curnera, die Cavradi-Schlucht, in der neben vielen anderen Kluftmineralien ausgezeichnete Hämatitkristalle gefunden wurden. Seit das Wasser durch die Curnera-Staumauer zurückgehalten wird, ist der Besuch dieser Fundstätte nicht mehr so gefährlich wie früher, eine anstrengende Kletterei bleibt er aber immer noch. Sehr mineralreich ist auch die Lukmanierschlucht, der enge Talausgang des Val Medel. In Muskowitschiefern wurde Gold gefunden, zum größten Teil mit Pyrit zusammen, selten auch vereinzelt. Untersuchungen durch eine kanadische Minengesellschaft ergaben, daß es sich sogar um ein abbauwürdiges Vorkommen handeln könnte.

Ein Gestein mit besonderer Mineralzusammensetzung wurde im Tavetsch während langer Zeit abgebaut: der Ofen-, Speck- oder Giltstein. Dieses Grüngestein tritt in einer Zone südlich des Aarmassivs, dem Tavet-

▶ **Hämatit und Rutil**

Bei diesen glänzend schwarzen Mineralien handelt es sich um das Eisenoxid Hämatit, das als Eisenerz besonders gesucht ist. In den Alpen ist der Abbau heute jedoch nicht wirtschaftlich. In einem regelmäßigen Muster sind feine rote Rutilnadeln mit den glänzenden Hämatittafeln verwachsen.

Gotthardmassiv, Val Curnera, Cavradi-Schlucht, GR
Originalbreite 1,6 cm
Coll. R. Schulthess

scher Zwischenmassiv, sowie im Gotthardmassiv auf. Während der alpinen Gesteinsumformung wurden hier die ursprünglichen Gesteine Olivin und Pyroxen in Serpentin und Talk umgewandelt. Sie bilden eine Mineralienmischung, die sich ausgezeichnet für die Verarbeitung zu Ofensteinen, aber auch zur Herstellung von Pfannen und anderen feuerfesten Gefäßen eignet. Serpentin allein wäre zu spröd, Talk mit seinem Härtegrad 1 zu weich. Zusammen ergibt sich aber ein zähes, festes, jedoch gut bearbeitbares Gestein, das hitzebeständig ist und die Wärme ausgezeichnet speichert. Nachdem der Abbau im Tavetsch während einiger Zeit praktisch zum Erliegen kam, ist er heute an einer Stelle wieder aufgenommen worden.

Lukmanier

Östlich des Lukmanierpasses finden sich im Gotthardmassiv zwei Intrusionskörper, der Cristallina-Granodiorit und der Medelser Granit, die für ihre Adular-Vorkommen berühmt sind. Geborgen wurden Kristalle bis 30 Zentimeter Größe. Die farblose bis weiße Kalifeldspat-Varietät, in ihrer Form mit bläulich perlartigem Schimmer Mondstein genannt, kann nur als aufgewachsenes, also Kristalle bildendes Kluftmineral und nicht gesteinsbildend auftreten. Adular mit seinen vielfältigen Zwillingsbildungen ist nach Quarz wahrscheinlich das häufigste Kluftmineral.

Mont-Blanc- und Aiguilles-Rouges-Massiv

Diese beiden Massive erstrecken sich vom Unterwallis nach Frankreich und Italien und entsprechen, wie eingangs erwähnt, petrographisch und geologisch dem Aar- und dem Gotthardmassiv. Getrennt werden sie durch eine schmale Zone von Sedimentgesteinen im Raum Martigny–Chamonix. Die bisher auf der Schweizer Seite entdeckten Kluftmineralien können zwar nicht mit der Pracht der Aarmassiv-Kristalle rivalisieren, man findet aber die gleichen Mineralgesellschaften: Quarz, zum Teil auch Rauchquarz, Albit und rosa Fluorit, daneben Calcit, Muskowit und andere.

Eine Besonderheit bildet die Karbonzone von Salvan-Dorénaz westlich von Martigny, die aus Konglomeraten und Sandsteinen besteht, welche in der Steinkohlezeit, vor ungefähr 300 Millionen Jahren, als Schutt des damals entstandenen Gebirges abgelagert wurden. Außerdem kommen hier auch Kohleschichten vor, zum Teil mit gut erhaltenen Pflanzenfossilien. Die Kohleflöze wurden lange Zeit ausgebeutet, sind heute aber nur noch von geologischem und geschichtlichem Interesse. Berühmt sind die Brookit-Vorkommen in den Quarzklüften dieser Zone.

Im Aiguilles-Rouges-Massiv ist bei Les Marécottes (VS) eine Uranvererzung genauer untersucht worden. Die Erzvorkommen konzentrieren sich auf die ehemaligen Bruchzonen im Kontaktbereich zum Granitstock von Vallorcine, und zwar in Quarzmineralisationen. Das Uranerz besteht neben diversen andern Uranmineralien aus Pechblende in Knollen oder Nestern.

▼ Arsenopyrit

Es war eine große Überraschung, als man beim Bau des Gotthardstraßentunnels 5433 Meter hinter dem Nordportal nach einer Sprengung einen einzigartigen Fund von wunderbar glänzenden Arsenkieskristallen machen konnte. In diesem Erzmineral findet sich häufig Gold.

Gotthardmassiv, Gotthardstraßentunnel
Originalbreite 3,4 cm
Coll. W. Elsasser

► Rutil

Wie eine aufgehende Sonne sitzen die strahlig angeordneten, honigbraunen Rutilprismen auf einem Quarzkristall. Chemisch reiner Rutil wäre farblos, das Mineral enthält jedoch meist etwas Eisen, Niob, Vanadium und Chrom.

Gotthardmassiv, Val Curnera, Cavradi, GR
Originalbreite 0,4 cm
Coll. R. Schulthess

Der Minenbezirk am Mont Chemin

Wer sich für Erzvorkommen interessiert, findet am Mont Chemin, dem nordöstlichsten Ausläufer des Mont-Blanc-Massivs zwischen Dranse und Rhone, ein Paradies. Neben Gneisen und Schiefern setzt sich hier der Mont-Blanc-Granit fort. Wichtig für die Bedeutung des Mont Chemin und seine Mineralisationen sind die Marmorzüge in den Gneisen und Graniten. Sie sind möglicherweise schon vor der Gebirgsbildung vor 300 Millionen Jahren entstanden. Heiße Lösungen, die Silizium, Aluminium und Eisen sowie seltene Elemente wie Bor und Fluor ins Gestein brachten, lösten den Calcit des Marmors teilweise auf und ersetzten ihn durch andere Mineralien wie Granat, Pyroxen, Hornblende und als Eisenerz Magnetit. So entstanden linsenförmige Eisenerz-Lagerstätten, die wohl schon vor zweitausend Jahren abgebaut wurden, wie gesicherte römische Spuren annehmen lassen. Bekannt sind mehrere Stollen in den drei Minenbezirken Couloir Colland, Chez Larze und Grandes Férondes/Col des Planches, die jedoch nur noch teilweise zugänglich sind. Heute ist man bestrebt, den ganzen Minenbezirk am Mont Chemin als einzigartiges Natur- und Kulturdenkmal zu erhalten.

Im Zusammenhang mit den Eisenerzvorkommen stehen auch verschiedene Kluftmineralisationen mit Vorkommen von Stilpnomelan (einem hellen Biotit), Epidot, grüner Hornblende, Azurit und Malachit und anderen, eher seltenen Mineralien. Ebenfalls auf die Zirkulation der wässerigen Lösungen im Zusammenhang mit der Granit-Quarz-porphyr-Intrusion gehen Fluor-Blei-Erzvorkommen zurück, die vor allem an der Tête des Econduits und bei Les Trappistes abgebaut wurden. Die Lagerstätten sind so reich an Fluor, daß man in den siebziger Jahren mit dem Gedanken spielte, die Förderung wieder aufzunehmen. Die Vorkommen bestehen aus Gängen mit Quarz, Bleiglanz, Zinkblende und Fluorit. Als Kluftmineralien sind vor allem Wulfenit und Smithsonit zu erwähnen.

▶ Epidot

Dieses Mineral bildet meist grünliche bis bräunliche, wunderbar durchscheinende Kristalle. Allerdings sind sie eher selten, da sie nur in bestimmten Umgebungsgesteinen wachsen, welche die nötigen Elemente liefern. In grünen Schiefern hingegen ist Epidot häufig anzutreffen, jedoch nur mit dem Mikroskop zu erkennen.

Aarmassiv, Guttannen, BE
Originalbreite 7,2 cm
Coll. E. Rufibach

Kapitel 3

Die Walliser Hochalpen
Mineralien in Tiefsee- und Flachmeergesteinen

Dieses Kapitel konzentriert sich auf die Mineralien der Walliser Zentralalpen, da die zu den Kalkalpen und dem Aar- und Gotthardmassiv gehörenden Kantonsgebiete bereits in den vorstehenden Kapiteln behandelt wurden. Im Vordergrund stehen hier die besonderen Gesteinsverbände der Zentralalpen mit ihrer spezifischen Mineralvergesellschaftung, die nur dort anzutreffen ist.

Die Zentralalpen bilden ein mächtiges, aus dem Zusammenschub des ursprünglichen weiten Tethys-Bereichs entstandenes Deckengebäude, das in drei Stockwerke unterteilt werden kann. Das unterste Stockwerk entspricht der Fortsetzung des europäischen Bereichs gegen Süden. Analog zum Aarmassiv ist ein Kontinentalkrustenbereich mit Gneisen und Graniten sowie darauf abgelagerten Sedimenten vorhanden. Sie wurden jedoch während der alpinen Gebirgsbildung strukturell und mineralogisch so stark umgeformt, daß die Ursprungsgesteine nicht immer gut erkennbar sind. Auf dieses Erdgeschoß aufgeschoben ist der ehemalige, ebenfalls stark metamorphosierte Tiefseebereich der Tethys als zweites Stockwerk, bestehend aus der ursprünglichen ozeanischen Kruste und den darauf abgelagerten Tiefseesedimenten. Die beiden unteren Stockwerke werden oft als penninische Decken zusammengefaßt. Das Obergeschoß besteht aus der Kruste der ehemaligen Afrikanischen Kontinentalplatte. Auch hier finden sich wieder

Blick aus dem Flugzeug auf das Monte-Rosa-Massiv mit der Dufourspitze (4634 m), dem höchsten Gipfel der Schweizer Alpen. Von der geologischen Struktur her gehört das Monte-Rosa-Massiv zum europäischen Kontinent, der von der Afrikanischen Platte überschoben wurde.

Gneise und Granite sowie andere magmatische Gesteine. Markante Gipfel wie das Matterhorn oder die Dent-Blanche gehören dieser geologischen Einheit an, die man oft als ostalpine Decke bezeichnet.

Viele kleine Erzminen

Der kontinentale Bereich der penninischen Decken entspricht petrographisch weitgehend dem Aarmassiv, die Verformung ist allerdings stärker. Bezüglich Mineralreichtum besteht jedoch ein gewaltiger Unterschied. Große Klüfte wie im Aarmassiv mit Riesenquarzen oder -adularen sucht man hier vergeblich. Hingegen sind viele kleine Vererzungen in die Umge-

▼ Adular mit Rauchquarz

Auf den ersten Blick erscheint die Stufe fast wie ein einziges, einheitliches Mineral. Bei genauerem Hinsehen lassen sich aber die mattweißen Flächen des Adulars deutlich von den durchsichtigen des Bergkristalls unterscheiden. Dieser ist dem Feldspat nachträglich aufgewachsen.

Calmi, VS. Originalbreite 2,8 cm
Coll. H. Flück

► Cobalto-Calcit

Ist's tatsächlich ein Mineral? Die violette Farbe ist fast schockierend kitschig, und die weißen Höckerchen erinnern an gewisse organische Strukturen. Es handelt sich aber eindeutig um Calcit in einer besonderen Form, wobei als zusätzliches, färbendes Element Kobalt in die Kristalle eingebaut ist.

Isérables, VS. Originalbreite 4,5 cm. Coll. W. Elsasser

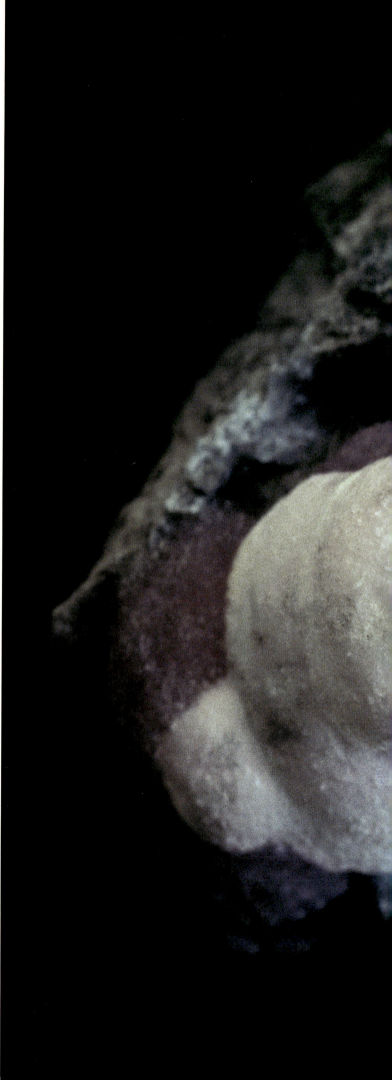

bungsgesteine eingelagert, meist parallel zur allgemeinen Schieferung. Vom Col des Mines östlich von Verbier erstreckt sich eine Zone mit Muskowit-Chlorit-Gneisen und Uranerzlagern gegen Isérables und Grand-Alou südlich der Dent-de-Nendaz. Hier finden sich neben Uranerzmineralien wie Pechblende auch besondere, eher seltene Mineralien. Bei Praz-Jean im Val d'Hérens wurden während des Zweiten Weltkriegs in einer Blei-Zink-Mine rund 500 Tonnen Erze gefördert. Diese Erzlinsen in Chloritgneisen bestehen zum Teil aus Galenit, zum Teil aus Sphalerit. Neben Blei und Zink in unterschiedlichen Proportionen enthält das Erz auch Spuren von Silber. Im Val d'Anniviers findet man verschiedene Kupfererzlager. In Baicolliou bei Grimentz wurden ebenfalls während des Kriegs 800 Tonnen Roherz gefördert, die 10 Tonnen Kupfer ergaben. Im selben Tal befindet sich das

▼ **Magnetit**

In den Grünschiefern aus der ursprünglich ozeanischen Serie kann man meist keine Mineralien unterscheiden. Manchmal finden sich darin kleine schwarze Magnetit-Oktaeder. Sie sind nicht in einer Kluft, sondern im Gestein in ihrer typischen Form gewachsen.

Bedretto, TI. Originalbreite 6 cm
Coll. Naturhistorisches
Museum Bern

▶ **Hessonit und Diopsid**

So schön durchscheinende rötliche Granate, Hessonit genannt, sind selten. Hier kommen sie zusammen mit einem grünlichen Diopsid vor. Beide Mineralien gibt es praktisch nur in der ehemaligen ozeanischen Kruste mit ihrem besonderen Chemismus.

Täschalp, VS. Originalbreite
4,5 cm. Coll. W. Elsasser

Kobalt-Nickel-Bergwerk von Grand-Praz. Hier liegen die kobalt- und nickelführenden dolomitischen Erzgänge in Glimmergneisen und Amphiboliten, einem metamorphen Hornblende-Plagioklas-Gestein. Sie sind meist nur dünn, können aber auch auf 30 Meter anschwellen und werden im allgemeinen von ausgelaugten Glimmerschiefern begleitet. Im letzten Jahrhundert wurden 264 Tonnen Roherz gefördert.

Aus der Tiefe...

Das eingangs erwähnte mittlere Stockwerk mit ehemaligen Tiefseekrusten- und -sedimentgesteinen erstreckt sich von Saas Fee über das Allalinhorn, Zermatt, den Gornergrat und den Theodulpaß nach Italien. Die ozeanische Kruste bestand ursprünglich aus drei übereinandergelagerten Einheiten: zuunterst Peridotite (massige Olivingesteine), in der Mitte Gabbros (magmatische Pyroxen-Plagioklas-Gesteine), zuoberst Basalte. Beim bekannten Vulkangestein Basalt schwimmen feine Plagioklas-Leisten in einer amorphen Grundmasse. Aufgrund ihrer spezifischen Kissenstruktur (englisch *pillow*) gehen die hier vorkommenden Basalte auf untermeerische Vulkanausbrüche zurück. Als die ozeanische Kruste unter die Afrikanische Kontinentalplatte abtauchte, wurde sie in extrem große Tiefen von über 50 Kilometern versenkt und metamorphosiert. Der Olivin im Peridotit blieb erhalten, denn er ist ein typisches Mineral für diese Tiefenstufe. Für die Umwandlung typische Mineralien bildeten sich vor allem in den Gabbros und Basalten. So enthält das umgewandelte Hornblende-Plagioklas-Gestein zum Beispiel Granate und einen besonderen Pyroxen, Omphacit genannt; daneben können auch Jadeit, Zoisit und Talk als typische Mineralien für die Versenkungsmetamorphose auftreten. Die gleichen Mineralien entstanden in den ursprünglichen Basalten, sind diese doch chemisch ähnlich zusammengesetzt wie die Gabbros. Erstaunlich ist jedoch, daß die vulkanischen Strukturen der Kissenlava ungeachtet der tiefen Versenkung und des weiten Wiederaufstiegs nicht zerschert wurden, sondern in den Gesteinen bei Saas Fee noch identifiziert werden können und so die vulkanische Natur der Gesteine belegen.

... hinauf ins Hochgebirge

Beim Aufstieg aus der tiefen Versenkung in die heutige Lage im Hochgebirge paßten sich die Gesteine zum Teil erneut den ändernden Metamorphosebedingungen an. So wandelten sich viele der ursprünglichen Peridotite in Serpentingesteine um. Dabei rissen auch viele Zerrklüfte auf,

◄ **Pyrophyllit**

Sowohl die feinen Schüppchen als auch die strahligen Rosetten bestehen erstaunlicherweise aus Pyrophyllit.

Gasenried St. Niklaus, VS
Originalbreite 17 cm. Coll. Naturhistorisches Museum Bern

► **Vesuvian**

Typisch für diese Kristalle ist ihre flaschengrüne Farbe. Hier handelt es sich um eher kurzsäulige Varietäten, Vesuvian kann aber auch lange Prismen ausbilden. Es stammt aus Tiefsee-Krustengesteinen.

Saas Fee, VS. Originalbreite 3,8 cm
Coll. W. Elsasser

in denen eine besondere Mineralgesellschaft wachsen konnte. Diese unterscheidet sich stark von solchen in gneisig-granitischen Gesteinen, da Ophiolithe chemisch völlig anders zusammengesetzt sind. Typisch und nur in solchen Gesteinen zu finden sind etwa Vesuvian, Aktinolith, Hornblende, Diopsid, Disthen, verschiedene Granate, verschiedene Chlorite und Amiant. Vesuvian bildet grünliche bis bräunliche, dicksäulige bis nadelförmige Kristalle. Granate kommen in verschiedenen Varietäten vor, je nach chemischer Zusammensetzung ändert auch die Farbe. Einzigartig sind zweifellos die grünen Demantoide und die glasig-rötlichen Hessonite. Diopsid tritt sowohl in Gesteinen als auch als Kluftmineral mit hellen bis grünlichen Farben auf. Besonders ausgebildet ist oft eine spezielle Chloritart, der meist grünliche bis dunkle Klinochlor mit seiner pseudohexagonalen Plättchenform.

Wer die Ophiolithe der Zone von Saas Fee–Zermatt selbst studieren und eventuell sogar ein besonderes Mineral finden möchte, der kann zwischen zwei Ausflügen wählen. Eine Fahrt von Zermatt auf den Gornergrat mit einem Fußmarsch zurück nach Riffelberg läßt vor allem die geologischen Verhältnisse erkennen. Außerordentlich klar zeigt sich im Panorama die Überlagerung der europäischen Kruste – die im Monte-Rosa-Gebiet vorkommt – durch die ozeanischen Einheiten, die im Pollux und Breithorn bis zum Theodulpaß anstehen. Über das Ganze legt sich die ostalpine Decke mit Matterhorn und Dent-Blanche. Für Mineralienliebhaber besonders zu empfehlen ist in Saas Fee der Mineralienpfad Plattjen–Felskinn. Er quert sowohl die Gneise der europäischen Kruste als auch einen Großteil des Ophiolithkomplexes. Abseits des Bergwegs ist jedoch größte Vorsicht geboten. Wer als Anfänger spezielle Kristalle suchen möchte, wendet sich am besten an einen einheimischen Strahler.

Im Simplongebiet

Das Gebiet südlich und östlich des Simplonpasses läßt sich mit dem Tessin vergleichen. Seine Zerrklüfte bergen Mineralien wie Quarz, Calcit, Magnesit, Siderit, Anhydrit und Rutil. Besonders beim Bau des Simplontunnels konnte ein reicher Schatz an Mineralien geborgen werden, da er verschiedene Gneis-Granit-Einheiten sowie sedimentäre Zonen mit Gesteinen der Trias- und der Jurazeit quert. Einmalig sind sicher die heute in verschiedenen Museen ausgestellten großen Anhydritkristalle, daneben aber auch schöne Calcit- und Dolomitstufen. Außergewöhnlich waren beim Bau des Tunnels die hohen Temperaturen und vielen Warmwasseraustritte im Gestein. Sie waren ein – durch mineralogische Untersuchungen bestätigter – Hinweis darauf, daß dieses Gebiet die Alpenhebung als eines der letzten durchmachte und Restwärme aus dem Erdinnern bewahrt hatte. Eine große Störzone trennt denn auch die beiden Blöcke westlich und östlich des Passes, und die Bewegungsanzeiger in den Gesteinen verweisen deutlich auf eine Hebung des Ostblocks gegenüber dem Westblock.

◄ **Realgar und Binnit**

In diesem Übersichtsbild aus einem Lengenbacher Dolomitmarmor erkennt man gelben Pyrit, roten Realgar, eine graue Masse von Binnit und zwei Baumhauerit-Nadeln. Der Binnit ist nach dem Tal benannt, offiziell heißt er allerdings Tennantit und ist eine Fahlerz-Varietät. Baumhauerit erinnert an Professor Baumhauer aus Freiburg.

Lengenbach, Binntal, VS
Originalbreite 11 cm
Coll. Naturhistorisches Museum Bern

► **Baumhauerit und Realgar**

In solchen kleinen Drusen im Dolomitmarmor findet man die berühmten Mineralien der Grube Lengenbach. Auffallend ist der blutrote Realgar, gewissermaßen das Markenzeichen von Lengenbach. Daneben ist goldgelber Pyrit in kleinen Kriställchen gewachsen. Bei den metallisch glänzenden Leisten handelt es sich um den hier erstmals beschriebenen Baumhauerit.

Lengenbach, Binntal, VS
Originalbreite 7 cm
Coll. W. Elsasser

Gold aus Gondo

Eine Fahrt über den Simplonpaß gibt nicht nur einen guten Einblick in ein klassisches Gebiet der alpinen Deckentheorie, sie führt auch in eine geschichtsträchtige Region. Greifbar wird diese Geschichte im Ecomuseum Simplon, zu dem neben der alten Paßroute und einer Ausstellung Simplon-Dorf auch das alte Goldbergwerk im Zwischbergental gehört. Hier wurden relativ spät entstandene, Goldblättchen führende Quarz-Pyrit-Gänge ausgebeutet. Daneben finden sich auch goldhaltige Kupferkiesnester. Heute liegt das ehemalige Bergwerk abgeschieden im Zwischbergental, früher jedoch führte hier eine zentrale Alpenpaßroute durch, da der Stockalperweg die Gondoschlucht auf dem Weg über dieses Tal umging. Das Goldbergwerk von Gondo war die bedeutendste derartige Mine auf Schweizer Boden. Möglicherweise wurden die Vorkommen schon von den Römern ausgebeutet, belegt ist der Abbau seit Ende des Mittelalters. 1660 übernahm Kaspar Jodok Stockalper, der König des Simplonpasses, das Bergwerk, und von da an wurde die Konzession immer wieder Mitgliedern seines Geschlechts übertragen. Einen ersten Höhepunkt erreichte die Förderung bereits unter Kaspar, eine zweite zu Beginn des 19. Jahrhunderts, als man pro Tag bis zu einer Tonne ans Tageslicht schaffte, das im Idealfall bis 280 Gramm Gold ergab. Einen eigentlichen Goldrausch erlebte das Bergwerk gegen Ende des letzten Jahrhunderts. Die Erwartungen waren hoch, da nun auch der Bau des Tunnels geplant wurde, was die verkehrstechnische Lage verbessert hätte. So baute man das Bergwerk aus, trieb neue Stollen vor und beschäftigte bis zu 500 Bergleute. Gefördert wurden bis 6 Tonnen Erz pro Tag, das bis zu 40 Gramm Gold lieferte, insgesamt in den anderthalb Jahren von 1895 bis August 1896 5191 Tonnen Golderz. Heute noch können im Landesmuseum Goldvreneli aus Gondo-Gold bewundert werden. Doch plötzlich sank der Goldgehalt auf die Hälfte, und am 17. Mai 1897 mußte die Minengesellschaft den Konkurs eröffnen.

Seither ist das Bergwerk verlassen – abgesehen von einigen Prospektionsperioden in diesem Jahrhundert. Nach Schätzungen liegen noch etwa 500 000 Tonnen Golderz im Berg, aus denen etwa eine Tonne Gold gewonnen werden könnte – zu wenig für einen rentablen Abbau. Heute möchte man im Rahmen des Ecomuseum Simplon die Stollen und Anlagen als Industriedenkmal erhalten, doch ist die Verwirklichung dieses Vorhabens angesichts der Ausmaße des Bergwerks und der hohen Kosten fraglich.

270 Jahre Lengenbach: Mineralienparadies Binntal

Der berühmteste Mineralienfundort der Alpen ist zweifellos das Binntal. Die vielfältigen geologischen Verhältnisse ließen eine Fülle verschiedener Mineralvergesellschaftungen entstehen. Ein kurzer geologischer Überblick drängt sich deshalb auf. Generell verlaufen die fast senkrecht stehenden geologischen Einheiten parallel zum Bett der Binna von Südsüdwesten nach Nordnordosten. Im Süden steht vom Hauptkamm bis in die untersten Hänge eine Gneis-Granit-Einheit aus dem penninischen Deckenkomplex an. Auf dem Geißpfadpaß ist den Gneisen eine Riesenlinse von ursprünglichem Olivingestein eingelagert. Gegen Norden schließt sich eine Marmorzone an, die ursprüngliche Sedimentbedeckung der Krustengesteine, gefolgt von einer Kalkschiefereinheit. Im Gebiet des Albrunpasses komplizieren sich die geologischen Verhältnisse, doch sind die hellen Bänder der Marmorzone immer sehr gut zu erkennen. Die Leitmineralien belegen, daß alle Gesteine während der Alpenbildung eine ziemlich starke Metamorphose durchmachten, also in

---

▼ Anatas

Rutil und Anatas haben gleiche chemische Zusammensetzung, sind aber deutlich zu unterscheiden. Die Doppelpyramidenform der dunklen Anataskristalle hebt sich von der Kluftwand ab.

Binntal, VS. Originalbreite 3,9 cm.
Coll. Chr. Flückiger

▶ Rutil

In einer Kluft ist eine ganze Generationenfolge säuliger Kristalle aufgewachsen. Einzigartig ist die rötlich-grüne, durchscheinende Farbe dieser Rutile.

Binntal, VS
Originalbreite 1 cm.
Coll. Chr. Flückiger

Tiefen von vielleicht 20 Kilometern abgesunken sein mußten. Wohl keine Mineralfundstelle in den Alpen hat eine so lange Tradition wie die Grube Lengenbach im Binntal. Bereits 1731 prospektierten hier Engländer mit einem 30 Meter langen Sondierstollen die Möglichkeit, im Dolomitmarmor Erzmineralien abzubauen, allerdings mit wenig Erfolg. Seit dieser Zeit interessieren sich Strahler, Sammler, Wissenschaftler, Universitätsinstitute und Museen für den einzigartigen Mineralienschatz. Exemplare aus dieser Fundstätte sind denn auch in vielen nationalen und internationalen Sammlungen vorhanden, zum Teil mit Etiketten, die über 200 Jahre alt sind. In der ersten Hälfte des 20. Jahrhunderts wurde es ruhiger um die Grube, doch nach dem Zweiten Weltkrieg stieg das Interesse wieder an. 1958 gründete man

▼ **Chlorit und Rutil auf Quarz**

In einer Quarzkluft mit kleinen Kristallen finden sich Nester von dunklen Chloritblättchen. Später haben sich dünne, rötliche Rutilnadeln wie ein Büschel Haare darübergelegt.

Cheninibart, Binntal, VS
Originalbreite 4,5 cm
Coll. W. Elsasser

▶ **Rutil (Sagenit)**

Auf dem hellen Quarz sind die dunklen Rutilnadeln als sogenanntes Sagenitgitter miteinander verwachsen. Dieses Muster kann auch bei Rutilkristallen beobachtet werden, die in Bergkristall eingeschlossen sind.

Binntal, VS. Originalbreite 3,5 cm
Coll. Chr. Flückiger

die Arbeitsgemeinschaft Lengenbach, der die Naturhistorischen Museen von Bern und Basel, das Mineralogisch-petrographische Institut der Universität Bern, die Burgergemeinde Binn und die Strahler T. Imhof, Binn, und V. Sicher, Gurtnellen, angehörten. Während ihrer vierzigjährigen Tätigkeit öffnete die Arbeitsgemeinschaft am Lengenbach eine neue Grube, in der das Dolomitgestein systematisch abgebaut wurde. Jeder Gesteinsbrocken wurde untersucht, die interessanten Stücke gesammelt und der Abraum auf die Halde geworfen, sehr zur Freude der Touristen, die dort an schönen Tagen in Scharen nach noch brauchbaren Mineralien suchten. Zurzeit, 1999, liegt die Zukunft der Grube im ungewissen, doch viele Mineralienfreunde hoffen, daß sie weiter betrieben werden kann.

Der Lengenbach-Dolomitmarmor entstand während der Alpenbildung aus Dolomit, der sich in einer tropischen Flachmeerzone, die bei Ebbe häufig trockenfiel, als Sediment gebildet hatte. Wahrscheinlich gerieten schon während dieser Sedimentation auch Eisen-, Zink- und Bleierze in die Dolomitschicht. Diese Mineralien sind in der ganzen Dolomitzone verbreitet, nicht nur am Lengenbach. Das Besondere ist hier, daß während der alpinen Gesteinsmetamorphose heiße Lösungen mit Arsen, Kupfer, Silber, Schwefel, Thallium, Wismut, Blei und Uran aus den südlichen Gneisen mit den Mineralien der Sedimentzone reagierten. In Verbindung mit diesen eher seltenen Elementen bildeten sich in kleinen Drusen oder direkt im Gestein eine Fülle von Mineralien, die sonst nirgends oder nur selten vorkommen. Während vieler Jahre analysierte man die Lengenbach-Mineralien am Mineralogischen Institut der Universität Bern und konnte manche neue Mineralart beschreiben. Zu Ehren des Kantons, der Strahler und Forscher erhielten die Mineralien Namen wie Wallisit, Imhofit, Nowackiit, Erniggliit (nach Ernst Niggli) oder Stalderit.

Häufigstes neu gewachsenes Mineral ist der Dolomit selbst, daneben finden sich meist auch Pyrit und Sphalerit. Ein bemerkenswertes Mineral ist der Rote Realgar: Dem Tageslicht ausgesetzt, verlieren diese Kristalle rasch ihre rote Farbe, bleichen aus und zerfallen mit der Zeit. Besondere Gruppen sind die Arsen-Schwefel-Verbindungen und die Mineralien mit Thallium.

Andere Mineralien aus dem Binntal

Die Binntal-Marmorzone wurde verschiedenenorts auf Mineralien untersucht. Dabei fand man zwar an einigen anderen Stellen ebenfalls Mineralien, allerdings nie in der Vielfalt und Reichhaltigkeit wie in der Grube Lengenbach. In der nördlich an die Marmorzone anschließenden Kalkschieferzone finden sich kleine Zerrklüfte, und als Kristalle sind vor allem Quarz und Rutil zu erwähnen. In der Gneis-Granit-Einheit kommen Quarz, Adular, Albit, Muskowit, Chlorit, Calcit, Anatas, Rutil, Magnetit, Hämatit, Ilmenit, Fluorit, Epidot und Turmalin vor. Berühmt sind vor allem honiggelbe Anataskristalle von mehreren Zentimetern Größe, daneben treten auch Anatase in anderer Ausbildung und Verwachsungen von Hämatit mit Rutil auf. Bemerkenswert ist vor allem auch das Vorkommen von Arsenmineralien in der südlichen Gneiszone der Cherbadung-Region (Pizzo Cervandone). Diese Funde unterstützen die Theorie

◀ **Hämatit**

Auf einem Quarzteppich sind viele feine dunkle und metallisch glänzende sechsseitige Hämatitblättchen aufgewachsen. An einigen Stellen sind Ansätze zur Bildung einer Eisenrose zu erkennen. Neben dieser blätterigen Form bildet Hämatit unter anderem auch dicktafelige oder rhomboedrische Kristalle.

Binntal, VS. Originalbreite 4,5 cm
Coll. Naturhistorisches Museum Bern

▶ **Magnetit**

Magnetit ist in abbauwürdigen Vorkommen das gesuchteste und hochwertigste Eisenerz, enthält es doch 72 Prozent reines Eisen. Im Binntal finden sich in den Gneisen Klüfte, die von vielen schwarzen, glänzenden Magnetit-Doppelpyramiden belegt sind. Diese Oktaeder sind die häufigste Kristallisationsform des Magneteisensteins.

Garb, Binntal, VS. Originalbreite 4,2 cm. Coll. W. Elsasser

über die Entstehung der Lengenbach-Mineralien. Von hier wären die vielen Stoffe in einer wässerigen Lösung wegtransportiert worden, um dort die Fülle dieser einzigartigen Mineralvergesellschaftung zu bilden.

In der Serpentinlinse am Geißpfadpaß sind wegen der völlig anderen chemischen Zusammensetzung des Muttergesteins auch für das Binntal spezielle Mineralien zu finden. Allerdings sind Kluftmineralien eher selten, meistens treten die Kristalle im Gestein selbst auf. Es sind dies Aktinolith, Antigorit-Serpentin, Antigorit-Asbest, Talk, Calcit, Chlorit, Epidot, Magnetit, Ilmenit, Titanit, Granat, Apatit, Diopsid und Vesuvian. Zusätzlich sind auch kleinere Linsen von Speckstein in die Gneise eingeschlossen. Manche wurden früher für die Herstellung von Pfannen und Ofenplatten ausgebeutet.

Das Binntal ist nicht nur wegen seiner Mineralien ein schützenswertes Gebiet. Es ist zu hoffen, daß rechtzeitig Mittel und Wege gefunden werden, dieses Kleinod von internationaler Bedeutung im Herzen der Alpen zu erhalten.

▼ **Pyritwürfel auf Albit**

Eine Kluft ist ausgefüllt mit dem Feldspatmineral Albit. Auf dem weißen Teppich thront ein goldgelber Pyritkristall, weitere sitzen eher versteckt zwischen den Albitkristallen.

Albrunhorn, Binntal, VS.
Coll. W. Elsasser

▶ **Turmalin**

Turmalin in Edelsteinqualität ist in der Schweiz eher selten. Hier ist er im Gestein in langen, schwarzen Nadeln gewachsen, deren Anordnung einen ziemlich chaotischen Eindruck vermittelt.

Binntal, VS. Originalbreite 11,1 cm
Coll. W. Elsasser

Kapitel 4

Nordtessin
Aus der tiefen Erdkruste ans Tageslicht

Daß dem Nordtessin ein eigenes Kapitel gewidmet ist, hat geologische und mineralogische Gründe. Geologisch stehen hier die tiefsten in den Alpen aufgeschlossenen Deckeneinheiten an. Sie bilden eine Aufwölbung, die Richtung Wallis und Graubünden eintaucht. Die Situation in den Alpen läßt sich auch mit einer halben Zwiebel vergleichen, die auf die Schnittseite gelegt und oben erneut angeschnitten worden ist. Die Zwiebelschalen stellen die Decken dar. Da die Zwiebel gewölbt ist, sind im Zentrum des oberen Schnitts die innersten Schalen zu erkennen. Der Nordtessin gehört zum europäischen Krustenbereich. Einige dieser Schalen bestehen aus Gneis-Granit-Decken, und die im Erdmittelalter darauf abgelagerten Sedimente sind heute auch in die Deckenstruktur einbezogen. Zwar sind sie inzwischen vielfach stark ausgewalzt und metamorph, ihr sedimentärer Ursprung ist aber immer noch zu erkennen. Diese manchmal sehr dünnen Sedimentzonen sind eine wichtige Hilfe bei der Bestimmung der petrographisch oft nur schwer unterscheidbaren Deckeneinheiten.

Die Mineralienfunde in den Nordtessiner Krusten- und Sedimentgesteinen belegen, daß dieser Komplex im Tertiär in einer Tiefe von 20 bis 25 Kilometern metamorphosierte, da diese Mineralgesellschaften nur in solchen Tiefen entstanden sein können.

Im Flug über die Gneisgipfel der Tessiner Alpen. Was heute in die Wolken hinaufragt, steckte vor 20 Millionen Jahren noch 20 Kilometer tief in der Erdkruste. Der Bereich beidseits der Insubrischen Linie mit den Gebirgsmassiven des Nord- und des Südtessins zählt zu den geologisch und tektonisch spektakulärsten und gegensätzlichsten Zeugnissen der Alpenbildung.

Deckenbereich und Steilzone

In den Nordtessiner Tälern läßt sich die Deckenstruktur ausgezeichnet studieren. Die Einheiten liegen mehr oder weniger horizontal, und die Gneis-Granit-Komplexe sind durch Einschaltungen der metamorphosierten Sedimente Marmor und Kalkschiefer klar voneinander getrennt. Wie in den Kalkalpen und im Jura können manchmal auch im Nordtessin die einzelnen Schichtpakete unterschieden werden, die man im Norden zur Gliederung und Altersbestimmung des Sedimentstapels heranzieht. Sogar «Phantome» von Steinsalz sind in diesen Marmoren entdeckt worden; das Salz selbst entwich allerdings während der Erwärmung der Gesteine durch die Metamorphose.

Die heute als Kalkschiefer vorliegenden Gesteine stammen wahrscheinlich aus der Jurazeit. Nur ganz im Norden, angrenzend ans Gotthardmassiv, fand man in diesen Formationen spärliche Fossilienspuren, im allgemeinen wurden sie durch die starke Zerscherung der Gesteine zerstört. Neben gewöhnlichen Kalkschiefern, die als Mineralien Calcit, Quarz, Albit und Glimmer enthalten, finden sich auch Varietäten, die auf ehemalige Tone zurückgehen. Bei andern ist der Quarzgehalt so hoch, daß sie aus Kalksandstein entstanden sein müssen.

Auch in den Granit-Gneis-Einheiten können die ursprünglichen Gesteine noch bestens abgelesen werden, geradezu beispielhaft in der Leventina-Decke, der untersten im Nordtessin aufgeschlossenen Deckenschicht. Hier sind in den mächtigen Felswänden zwischen Faido und Osogna noch viele Strukturen des ehemaligen Granitstocks sichtbar.

Weiter südlich, in der Gegend von Castione, ändern sich die strukturellen Verhältnisse. Die bis jetzt mehr oder weniger horizontal liegenden Einheiten senken sich gegen Süden, werden immer steiler und stehen im Gebiet von Bellinzona senkrecht. Der ganze Deckenstapel biegt also um und bildet eine kilometergroße Falte. Die einzelnen Decken sind immer dünner und wurden offensichtlich viel stärker zerschert als weiter nördlich. Abgeschlossen wird diese Steilzone gegen Süden durch die Insubrische Linie, die die Zentral- von den Südalpen trennt.

Der Tessiner Habitus

Im Nordtessin finden sich zwar weniger Zerrklüfte als im nördlich angrenzenden Gotthardmassiv, dafür ist ihre Mineralvielfalt in der Regel größer. Eine besondere Ausbildung des Quarzes ist der «Tessiner Habitus». Im Gegensatz zu den eher breiten Quarzen aus Gotthard- und Aarmassiv handelt es sich

◄ Hornblende

Die schwarzen Hornblendestengel sind von einem Punkt in zwei Richtungen ausgestrahlt. Solche Hornblendegarben finden sich in der sogenannten Tremola-Serie.

Val Canaria, TI. Originalbreite 5,9 cm. Coll. W. Elsasser

► Disthen

In einem Glimmerschiefer sind während der alpinen Gesteinsmetamorphose glasklare, blaue Leisten von Disthen quer über die andern Mineralien gewachsen.

Pizzo Forno, TI. Originalbreite 12,5 cm. Coll. H. Flück

hier um schlanke Kristalle, sogenannte Nadelquarze, die in igeligen Gruppen zusammenstehen. Solche Quarzformen deuten auf ein Wachstum bei höheren Temperaturen hin, wahrscheinlich über 400 °C. Sie finden sich sowohl in den Zerrklüften der Gneise wie in jenen der umgewandelten Sedimentärformationen. In letzteren sind die Klüfte im allgemeinen häufiger als in den Gneisen. Gegen die südlich anschließende Steilzone nimmt die Zahl der Zerrklüfte ab, und die Mineralien werden immer kleiner.

Der Dolomitmarmor vom Campolungo

Steigt man aus der Leventina gegen den Passo Campolungo, beeindrucken schon auf der ersten Terrasse die weißen Felsen, die am Paß aufgeschlossen sind. Beim Näherkommen sind dann auch die wunderbaren Falten sichtbar, die erkennen lassen, daß es sich nicht um ein einfaches Schichtpaket handelt. Es handelt sich um den größten Marmorkomplex im Nordtessin, der aus metamorphen Dolomitgesteinen der Trias besteht. Typisch für den weißlichen bis grauen Dolomit ist seine sandige Struktur. Die einzelnen Körner halten nicht gut zusammen, und gewisse Partien zerbröseln beim Abschlagen. Es handelt sich hier um sogenannten zuckerkörnigen Dolomit.

Bei der Planung des neuen Gotthard-Basistunnels für die Eisenbahn gab die Festigkeit dieses zuckerkörnigen Dolomits viel zu reden, da Gefahr bestand, bei der Unterquerung der Lukmanierregion, insbesondere der sogenannten Pioramulde, darauf zu stoßen. Sondierbohrungen ergaben jedoch, daß er nur bis in gewisse Tiefen vorkommt und dann in Anhydrit-Dolomit-Marmor übergeht. Das erklärte auch die Entstehung der zuckerkörnigen Struktur: Zirkulierendes Oberflächenwasser hatte den Anhydrit aufgelöst und nur den Dolomit zurückgelassen.

In den Campolungo-Dolomitmarmoren bildeten sich einige zum Teil sehr seltene Mineralien, entweder im Marmor selbst oder in kleinen Drusen. Erwähnenswert sind insbesondere Tremolit, Turmalin und Korund. Tremolit ist eine Hornblendenvarietät, die in den Campolungo-Marmoren in zwei verschiedenen Modifikationen vorkommt. Die eine ist grau bis grünlich gefärbt und vor allem in den Falten unterhalb des Passes zu finden. Wegen der zuckerkörnigen Struktur des Marmors lassen sich die zentimeterlangen

▶ **Chlorit und Rutil**

Die grünschwarzen Chloritblättchen bilden auf dem Kluftboden Pakete, die zum Teil an aufgeklappte Bücher erinnern. Dazwischen finden sich gelblich-bräunliche Rutilnadeln.

Campo Tencia, TI. Originalbreite 4,6 cm
Coll. H. Flück

Leisten relativ leicht auslösen. Bei der andern Art handelt es sich um weißen Tremolit; mehrere Individuen sind radialstrahlig angeordnet, so daß man manchmal fast von Tremolitsonnen sprechen kann. Eher selten ist Turmalin anzutreffen, und zwar in bräunlichen oder grünlichen, bis zwei Zentimeter großen Kristallen. Roter und blauer Korund wurde bis heute nur an einer Stelle gefunden, wo das Vorkommen fast gänzlich ausgebeutet worden ist.

Anzeiger aus dem Untergrund

Die Versenkung der Nordtessiner Decken in Tiefen von 20 bis 25 Kilometern kann man anhand von Mineralien bestimmen, die nur in einem eng begrenz-

▼ **Tremolit**

Bei diesen weißlichen Bündeln von strahlig angeordneten Nadeln handelt es sich um eine besondere Art von hornblendeähnlichen Mineralien, die vor allem in metamorphen Dolomitgesteinen vorkommen, wie hier an dieser berühmten Fundstelle auf dem Paß zwischen Faido und Fusio.

Passo Campolungo, TI
Originalbreite 12 cm
Coll. Chr. Flückiger

▶ **Dolomit mit Nadelquarz**

Auf einer Gruppe von eher derben hellen Dolomitkristallen sind glasklare Bergkristallnadeln aufgewachsen. Die Dolomitmarmore der Fundstelle am Passo Campolungo in der Leventina waren während der Trias im Schelfmeer abgelagert und später umgeformt worden.

Passo Campolungo, TI
Originalbreite 6,6 cm
Coll H. Flück

ten Temperatur-Druck-Feld entstehen können. Diese Werte kennt man aus Laborversuchen. Im Tessin sind folgende Mineralien sogenannte Metamorphoseanzeiger: Chloritoid, Staurolith, Disthen, Sillimanit und Andalusit. Sie kommen allerdings nur in Gesteinen vor, die aus ehemaligen Tonschichten entstanden. Der Nachteil der beschränkten Vorkommen wird aber durch den Vorteil wettgemacht, daß diese Mineralien häufig in ihrer typischen Form wuchsen, ungeachtet bereits vorhandener anderer Mineralien. Diese wurden entweder für das eigene Wachstum gebraucht, als Fremdeinschlüsse in den Kristall eingebaut oder auch auf die Seite geschoben. Wird das Gestein während des Kristallwachstums zerschert, dreht sich das wachsende Mineral, und die Einschlüsse zeigen dann im Mikroskop eine Spiralform.

Chloritoid ist ein Anzeiger der mittelstarken Metamorphose. Man findet ihn deshalb nur in einem nördlichen, ans Gotthardmassiv angrenzenden Streifen vom Nufenen- bis zum Lukmanierpaß. Wo die Metamorphosetemperatur etwa 450 °C und der Druck um fünf Kilobar betrug, wuchs Staurolith anstelle von Chloritoid. In den Gesteinen treten die braunen Leisten des Stauroliths oft zusammen mit rötlichbraunem Granat auf, dies ergibt dann sehr dekorative Gesteine. Oft bildet der Staurolith Kreuzwillinge. Entweder allein oder zusammen mit Staurolith kommt auch Disthen vor. Dieses Mineral bildet wunderschöne blaue Leisten, die über alles hinwegwachsen. Die schönsten Staurolith- und Disthenkristalle findet man in der Gegend der Alpe Sponda, insbesondere am Pizzo Forno. Doch aufgepaßt! Im Tessin ist das Mineraliensuchen grundsätzlich verboten, Bewilligungen müssen beim Museo cantonale di storia naturale in Lugano eingeholt werden. Im Übertretungsfall drohen saftige Bußen.

Von einer Zeitungsente und schwarzem Marmor

Alpe Arami ist bei Mineralogen schon lange ein bekannter Ort. Hier finden sich nämlich einzigartige Gesteine, die aus Olivin und einem tiefroten Granat, dem Pyrop, bestehen, außerdem ein Gestein mit Mineralien, die charakteristisch für eine tiefe Versenkungsmetamorphose sind. Aufgrund ihrer mineralogischen Zusammensetzung ist schon lange klar, daß diese Gesteinslinse aus großer Tiefe aufstieg und in die umliegenden Gneise eingelagert wurde. Vor einigen Jahren glaubten nun amerikanische Wissenschaftler, in dem Gestein auch Spuren von Diamanten gefunden zu haben. Wie ein Lauffeuer verbreitete sich die Nachricht in den Medien, und die Alp ob Bellinzona wurde von Möchtegern-Diamantsuchern buchstäblich überrannt! Im Nachhinein stellte sich das Ganze als Zeitungsente heraus.

In den Steinbrüchen von Castione werden zwei verschiedene Marmore abgebaut. Beim einen handelt es sich um einen weißen Calcitmarmor, beim andern um einen Marmor, in dem neben Calcit unter anderen Mineralien weißlicher Plagioklas, grünlicher Diopsid und rötlicher Granat zu finden sind. Auch dieses Gestein zeugt mit seiner Mineraliengesellschaft von einem hohen Metamorphosegrad. Wegen seiner dunklen Farbe kommt dieser Marmor als Castione nero auf den Markt.

◄ **Korund**

Diese tiefroten Rubine aus den Alpen haben zwar keine Edelsteinqualität. Es ist aber schon bemerkenswert, daß sich solche eher seltenen Mineralien auch in den Alpen als Kluftmineralien und in Gesteinen finden, wie hier in einem dunkelgrünen Amphibolithen. Geologisch entsprechen die beiden Südbündner Fundorte dieser Doppelseite dem benachbarten Nordtessin.

Val Traversagna, GR
Originalbreite 2 cm
Coll. W. Elsasser

► **Skolezit**

Diese weißlichen, radialstrahlig angeordneten Stengelchen von Skolezit gehören zur weitverbreiteten Mineralgruppe der Zeolithe. Die Klüfte in diesem Steinbruch sind berühmt für ihren Mineralreichtum, insbesondere auch für die einzigartigen Skolezite. Zeolithe spielen heute für verschiedene industrielle Anwendungen eine immer wichtigere Rolle.

Arvigo, Val Calanca, GR
Originalbreite 5,5 cm
Coll. W. Elsasser

Kapitel 5

Graubünden

Bündnerschiefer und Granite

Dieses Kapitel beschränkt sich, da die Bündner Bereiche des Aar- und Gotthardmassivs dort behandelt wurden (Kapitel 2), auf die inneren kristallinen Alpen. Hier greifen die penninischen Decken vom Tessin her nach Graubünden aus. Weil der gesamte Deckenkomplex gegen Osten eintaucht, stehen immer höhere geologische Einheiten an, und wie im Wallis kann von einem dreistöckigen Deckengebäude gesprochen werden.

Das Erdgeschoß gehört zur europäischen kontinentalen Kruste mit Decken aus Gneisen und Graniten. Darauf lagern die Trias- und Jura-Sedimente. Viele der Juraformationen wurden allerdings im Bündnerland während der Alpenbildung von ihrer Unterlage weg- und weiter nach Norden geschoben. Diese Anhäufungen von Kalkschiefern und ähnlichen Gesteinen nennt man Bündnerschiefer. Das zweite Stockwerk besteht aus Grüngesteinen der ozeanischen Kruste und Tiefseeablagerungen, die über die europäischen Decken geschoben wurden. Diese Einheiten sind vom Oberhalbstein über den Lunghinpaß ins Engadin und weiter ins Val Malenco zu finden. Das oberste Stockwerk, das der ostalpinen Decken, ist in Graubünden das wichtigste und zieht sich bis nach Österreich weiter. Ganz im Süden, zwischen Bergell und Veltlin, ist während der Hebungsphase der Alpen der Bergeller Granitstock in den Deckenkomplex eingedrungen.

Die höchsten Erhebungen der Bündner Alpen – Piz Palü und Piz Bernina – sind Teil der obersten geologischen Einheit der ostalpinen Decken. Der aus diesen Gipfeln stammende Morteratschgletscher im Vordergrund ist bekannt für seinen Gletscherpfad, wo die Rückzugsstadien seit der Mitte des letzten Jahrhunderts abgewandert werden können.

Bündnerschiefer

Die Sedimente aus Jura, Kreide und Tertiär, die sogenannten Bündnerschiefer, treten im Kanton Graubünden vor allem im Norden der inneren Alpen auf. Sie bestehen aus monotonen Abfolgen von Kalkschiefern, Sandkalken und Tonschiefern, oft mit Einschaltungen von vulkanischen Lagen. Fossilien sind in diesen Gesteinen jedoch praktisch keine erhalten und Alterszuweisungen deshalb nur aufgrund von Vergleichen mit anderen ähnlichen Serien möglich. Wichtige Täler im Bereich der Bündnerschiefer sind Lugnez, Valsertal, Safiental, Domleschg, Schanfigg und auch das Prättigau.

Während der Alpenbildung wurden die Bündnerschiefer nur leicht umgeformt. Zerrklüfte sind an gewissen Orten häufig, und im allgemeinen können die Mineralien Quarz, Adular, Albit, Calcit, Baryt, Muskowit, Chlorit, Anatas, Brookit, Rutil, Apatit, Pyrit, Galenit und Sphalerit auftreten. Schöne Fundstellen finden sich vor allem zwischen Valsertal und Domleschg; seit langem berühmt sind die Funde am Piz Beverin. Besonders zu erwähnen sind auch die Quarze aus der Gegend von Thusis und die Rutilfunde am Piz Ault. Es handelt sich um langfaserigen, goldglänzenden Rutil, der in Quarz eingeschlossen ist.

Ein auffälliger Beweis für die Zirkulation wässeriger Lösungen im Gebirge sind zweifellos die vielen Quellen und Mineralwasserfassungen im Gebiet der Bündnerschiefer. Das Niederschlagswasser dringt ins Gestein ein und löst gewisse Elemente aus den Mineralien. Je nach Eindringungstiefe erwärmt es sich dabei. Nach einer mehr oder weniger langen Verweilzeit tritt das Wasser wieder an die Oberfläche, etwa in Vals oder Rhäzüns, um zwei bekannte Fassungen zu nennen.

Schams

Im südlichen Teil der penninischen Zone in Graubünden treten die Bündnerschiefer zurück und werden von Gneis-Granit-Einheiten abgelöst. Auch in diesen Decken finden sich Zerrklüfte, vergleichbar denjenigen im Gotthardmassiv oder auf der Tessiner Seite des Lukmaniers. Aus den Sedimenten über den Krustengesteinen sind verschiedene Erzvorkommen bekannt, vor allem im Val Ferrera, das ja nach dem Eisenabbau benannt wurde. Einige der Vorkommen seien hier gesondert erwähnt:

Das Blei-Zink-Erzvorkommen der Alp Taspin liegt in einem granitischen Gneis und enthält Einlagerungen in Form von Linsen oder Bruchstücken von Galenit, Sphalerit, Fahlerz und Chalkopyrit, außerdem Spuren von Silber. In Starlera, tausend Meter über der Talsohle, befindet sich eine bedeutende Eisen-Mangan-Lagerstätte in Form einer Erzlinse in Dolomitschichten, deren Kern aus einer acht bis zehn Meter mächtigen Schicht Hämatiterz besteht. Sie enthält Mangankonzentrationen in Form von Braunit.

Die Kupfererz-Lagerstätte von Ursera liegt im Kontaktbereich zwischen dem Gneis und den darüberliegenden Sedimenten. Beim Gneis handelt es sich um den sogenannten Rofna-Porphyr, ein Gestein mit granitischem Charakter, das jedoch in geringerer Tiefe kristallisierte als normale Granitstöcke. Auf die alte Verwitterungsoberfläche des Gneises folgen Dolomitablagerungen aus der Trias. Dieser ehemalige Verwitterungshorizont trägt ein Kupfererzvorkommen, das auch etwas Silber enthält.

Die Grüngesteine

Auf die penninischen Decken überschoben liegen die ehemaligen ozeanischen Serien als Ophiolithe. Sie können als zum Teil mächtige, zum Teil stark ausgedünnte Zone vom Oberhalbstein zum Lunghinpaß, ins Oberengadin und von dort über die Furtschellas ins Val Malenco verfolgt werden. Es handelt sich einerseits um Teile der ozeanischen Kruste, andererseits um die darauf abgelagerten Sedimente, insbesondere Radiolarite und helle Kalke. In den Bereichen der ehemaligen Kruste finden sich vollständig in Serpentinite umgewandelte Perdotite sowie Gabbros und ehemalige basaltische Serien, die heute meist als Grünschiefer vorliegen. Stellenweise sind aber noch ausgezeichnete Kissenlavastrukturen erhalten, die auf die untermeerische Herkunft der Vulkangesteine hindeuten.

In der Ophiolithzone des Oberhalbsteins sind eine ganze Reihe von Eisen-Kupfer- oder Manganerzvorkommen bekannt. Einfach zu besichtigen ist die Eisenerzmine von Gruba am Wanderweg vom Marmorerasee zur Alp Flix. Als Umgebungsgestein liegt Serpentinit vor, in dem als Vererzung Chalkopyrit, Magnetit, Pyrrothin und Ilvait auftreten. Diverse Stollen sind noch erhalten; sie sollten nur unter ortskundiger Führung betreten werden.

► **Phantomquarz mit Chloriteinschlüssen**

Grasgrüne Bergkristalle, ist das möglich? Sicher nicht. Während des Wachstums haben sich auf den Kristallflächen feine grüne Chloritschüppchen gebildet, die heute die Jugendstadien der Kristalle zeigen. Auch die Oberfläche ist stark mit Chlorit belegt, so daß der Anschein von grünem Quarz entsteht.

Bündnerschiefer Schinschlucht, GR
Originalbreite 8,1 cm
Coll. H. Flück

Berühmt sind die Manganerzvorkommen im Oberhalbstein. Das Auftreten von Mangan steht im Zusammenhang mit untermeerischer Vulkantätigkeit. Insbesondere führen die Gasschlote solcher Vulkane, die Black Smokers (schwarzen Raucher) Mangan mit sich. Auf dem Meeresgrund konzentriert sich das Mangan in Knollen. Heute prüft man die Möglichkeit, Manganknollen aus Ozeantiefen von über 4000 Metern zu gewinnen.

Bergmännisch abgebaut wurden die Manganvorkommen in Parsettens und Falotta. Auf Alp digl Plaz kommt das Erz in Bergsturzblöcken vor. Auf Parsettens ist das Erz – es handelt sich vor allem um Braunit – in Lagen und Linsen in das Radiolaritgestein eingelagert. Neben dem Haupterz treten viele zusätzliche Mineralien auf, die zum Teil in diesem Gebiet zum erstenmal beschrieben wurden und deshalb Lokalnamen wie Parsettensit, Tinzenit, nach der Ortschaft Tinzen, oder Sursassit, nach dem Dörfchen Sur, tragen. Die Lagerstätte auf Falotta befindet sich ebenfalls in den Radiolariten, die hier auf Grüngesteinen mit Kissenstrukturen liegen. Wieder ist Braunit das Hauptmineral, neben Piemontit und Parsettensit. Beide Minen wurden während des Zweiten Weltkriegs betrieben. Die Vorräte sind noch heute beträchtlich, ein Abbau aber nicht wirtschaftlich.

Der Serpentinitkörper des Val Malenco tritt im Puschlav auch auf Schweizer Boden. Neben dem Abbau von Serpentin in Blöcken sind Olivingänge mit Titankinohumit und Talklinsen sowie Nephrit-Jade zu erwähnen.

Die Bergeller Intrusion

Zwischen Bergell und Engadin befindet sich ein ungefähr 30 Millionen Jahre alter Intrusionskörper. Da er alle Grenzen zwischen den geologischen Einheiten durchbricht, muß er nach der Phase der Deckenüberschiebungen eingedrungen sein. Seine Hauptmasse bildet ein granitisches Gestein, dessen Besonderheit große Kalifeldspat-Einsprenglinge sind, die in einer körnigen Matrix von Quarz, Kalifeldspat, Plagioklas und Biotit schwimmen. Oft kann anhand der Anordnung dieser Großkristalle die Fließrichtung des Magmas bestimmt werden. Am Süd- und Westrand des Granitkörpers findet sich ein dunkleres Gestein, das vor allem Plagioklas und Hornblende enthält, daneben etwas Quarz, Kalifeldspat und Biotit. Das Magma dieses Gesteins ist wahrscheinlich als erstes eingedrungen, da es granitische Gänge enthält. Eine schmale Zone kann vom Veltlin über den Passo San Iorio bis in die Gegend von Giubiasco im Tessin verfolgt werden.

◄ **Brookit auf Quarz**

Aus einer Kluft im Bündnerschiefer stammt diese Stufe mit einem rotbraunen, tafeligen Brookitkristall, der zweifellos erst nach den Quarzen aufwuchs.

Vals, GR. Originalbreite 5,1 cm
Coll. Naturhistorisches Museum Bern

► **Albit**

In den bekannten Klüften der Bündnerschiefer findet sich diese spezielle Feldspatart, Albit, recht häufig. Typisch ist die Ausbildung von tafeligen Kristallen mit guter Spaltbarkeit, erkennbar an den feinen Linien auf den Tafeln.

Val Lugnez, GR. Originalbreite 4,3 cm. Coll. W. Elsasser

Während der Intrusion war das Umgebungsgestein am Ostrand nur etwa 200 °C warm. Durch die Hitze des eindringenden Magmas wurde es durch eine sogenannte Kontaktmetamorphose teilweise umgewandelt. Dabei bildeten sich neue Mineralien wie Andalusit, Sillimanit, Granat, Cordierit, Diosid, Biotit, Hornblende und Plagioklas. Besonders zu erwähnen sind die Andalusitschiefer am Lagh da Cavloc im Val Forno. In den Gneisen wuchsen zum Teil bis 10 Zentimeter große Leisten, die Zwillinge und Radialstrukturen aufweisen. Mit der Intrusion sind auch Pegmatitformationen verbunden, die zum Teil sehr mächtig sind und Mineralien wie Turmalin oder Beryll enthalten können.

▼ Aragonit

Hier handelt es sich nicht um Einzelmineralien, sondern um Überzüge von Aragonit auf Tropfsteingebilden. Der Strahler nennt diese Erscheinungen Eisenblüte. Aragonit ist chemisch identisch mit Calcit, es kristallisiert aber in einer andern Form.

Lugnez, GR. Originalbreite 7 cm
Coll. W. Elsasser

▶ Azurit und Malachit

Diese beiden Kupfermineralien sind sofort an ihrer Farbe zu erkennen: Azurit ist blau, Malachit grün. Sie sind meist an Kupfererzvorkommen gebunden und dort oft durch den Transport von gelöstem Kupfer ins Nebengestein als Sekundärmineralien gebildet worden.

Albula, GR. Originalbreite 4,7 cm
Coll. W. Elsasser

Die ostalpinen Decken

Ein großer Teil Graubündens wird von den ostalpinen Decken eingenommen. Deren Gesteine machten während der Alpenbildung keine Metamorphose durch. Gut erkennbar ist aber vielfach, wie sie durch die gewaltigen tektonischen Kräfte zerbrochen wurden. In einer solchen geologischen Situation fehlen Zerrklüfte und damit auch Kluftmineralien. Charakteristisch für die ostalpinen Decken sind mächtige Sedimentserien aus der Trias, vor allem Dolomite und Kalke. Die größte Dolomitformation trägt den Namen Hauptdolomit und bildet die meisten der beeindruckenden Felswände, beispielsweise in den Unterengadiner Dolomiten. Obwohl hier Kluftmineralien fehlen, kam es an vielen Orten zu anderen Mineralisationen, die zum Teil auch ausgebeutet wurden.

Der Silberberg zu Davos

Das ehemalige Bergwerk zum Silberberg liegt im Landwassertal. Der Name ist irreführend, denn es handelt sich um eine Blei-Zink-Lagerstätte. Sie enthält zwar Spuren von Silber, das Edelmetall wurde hier jedoch nie abgebaut. Das Gebiet gehört zu den ostalpinen Decken, und die Erzvorkommen befinden sich in den Dolomiten und Kalkgesteinen der Trias. Da sie, wie erwähnt, nie umgewandelt wurden, findet man in einigen Schichten gut erhaltene Fossilien, nämlich Schalen von Brachiopoden und Reste von Seelilien. Der Silberberg-Lagergang liegt zwischen Schichten von Dolomiten mit Seelilienresten aus der späten Trias. Er bildete sich aber nicht während der Ablagerung des Dolomits, sondern erst, als das verfestigte Sediment zerbrach und eine schichtparallele Bruchzone entstand, entlang der die Lösungen eindrangen. Als Erzmineralien treten Sphalerit auf und Galenit, der in einer zweiten Phase entstanden sein muß. Daneben findet man auch Jamesonit und Pyrit. Der Abbau im Silberberg setzte im späten Mittelalter ein, erreichte im 16. Jahrhundert einen ersten Höhepunkt und einen zweiten Aufschwung in der ersten Hälfte des 19. Jahrhunderts, bevor man 1849 den Betrieb einstellte. Heute können die noch gut erhaltenen Anlagen auf teilweise neu erstellten Zugangswegen im Rahmen von Führungen besichtigt werden. Im ehemaligen Verwaltungsgebäude bei den Aufbereitungsanlagen auf dem Schmelzboden ist auch ein Museum eingerichtet.

Val S-charl

Das Val S-charl, das bei Scuol/Schuls ins Unterengadin mündet, liegt inmitten der Unterengadiner Dolomiten. Hier war während langer Zeit ein blühendes Silber-Blei-Bergwerk in Betrieb. In den Dolomiten und Kalken finden sich silberführende Vererzungen von Galenit und Sphalerit, daneben auch Baryt, Fluorit und Quarz. Die Erze aus den verschiedenen Gruben wurden in der Anlage in S-charl verhüttet. Heute besteht eine Stiftung, welche die alten Anlagen wieder renovieren will und vor kurzem ein Museum eröffnete.

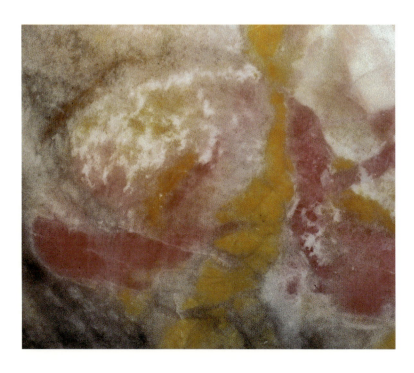

◄ **Pyroxmangit und Spessartin**

Die Fundstelle an der Furtschellas liegt in der Zone der ehemaligen ozeanischen Gesteinsserie. In dieser Lagerstätte finden sich Mineralien, die für Manganerzvorkommen typisch sind: blaßrötlicher Rhodonit, rosaroter Pyroxmangit, orangeroter Spessartin-Granat und Körner von rotem Tephroit.

Furtschellas, Oberengadin, GR
Originalbreite 2 cm
Coll. P. Hottinger

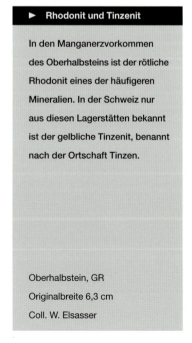

► **Rhodonit und Tinzenit**

In den Manganerzvorkommen des Oberhalbsteins ist der rötliche Rhodonit eines der häufigeren Mineralien. In der Schweiz nur aus diesen Lagerstätten bekannt ist der gelbliche Tinzenit, benannt nach der Ortschaft Tinzen.

Oberhalbstein, GR
Originalbreite 6,3 cm
Coll. W. Elsasser

Kapitel 6

Südtessin

Fast aus Afrika

Das Südtessin gehört zu den durch die Insubrische Linie von den Zentralalpen getrennten Südalpen. Die Schweiz hat mit dem Sottoceneri nur einen kleinen Anteil daran; der weitaus größere Teil liegt auf italienischem Territorium. Wie bereits in Kapitel 2 erwähnt, sind die Südalpen (die französischen Alpes du Sud gehören übrigens zu einer anderen geologischen Einheit) ein Teil der Afrikanischen Kontinentalplatte. Sie machten während der Alpenbildung in der Kreide und im Tertiär keine Versenkungsphase und damit auch keine Metamorphose durch. Der für die Schweiz maßgebende Teil der Südalpen wird von Norden nach Süden in drei geologische Einheiten gegliedert: die Ivrea-Zone, das Grundgebirge und die Sedimentgesteine.

Die Ivrea-Zone greift nur mit ihrem nordöstlichsten Teil auf Schweizer Gebiet über, im angrenzenden italienischen Gebiet ist sie wesentlich größer. In dieser Zone sind Gesteine aus der Unterkruste aufgeschlossen, die durch Hebungsvorgänge an die Oberfläche gebracht wurden. Das Grundgebirge der Südalpen entspricht der Oberkruste und besteht vor allem aus Gneisen, auf italienischem Gebiet auch aus Graniten. Es ist von einer Zwischenzone mit vulkanischen Gesteinen aus dem Perm bedeckt, gefolgt von Sedimentgesteinen, die sich von der Trias bis ins Tertiär ablagerten. Da sich im Grundgebirge keine Zerrklüfte bilden konnten, findet man die Mineralisationen im Gestein selbst oder in Drusen der vulkanischen und teilweise der sedimentären Gesteine.

Blick aus den Gebirgen südlich der Insubrischen Linie, die eigentlich Teil der Afrikanischen Platte sind, in Richtung Nordwesten, wo sich Gesteine der Europäischen Platte zu den Hochalpen auftürmen. Die Sedimente im Südtessin sind reich an berühmten Fossilfundstellen wie derjenigen am Monte San Giorgio.

Die Ivrea-Zone

Mineralogisch hochinteressant sind hier die Gesteine selbst. Da diese Peridotite und Gabbros aus der Unterkruste stammen, sind sie aus Mineralien sehr hoher Dichte aufgebaut. Dementsprechend ist auch die ganze Zone schwerer als andere geologische Einheiten. Der Mensch wird also hier ein wenig stärker angezogen und ist dementsprechend ein bißchen schwerer. Diese höhere Anziehungskraft ist selbstverständlich nicht spürbar und macht die Südtessiner auch keineswegs schwerfälliger, im Gegenteil. Die Geophysik verfügt jedoch über hochsensible Instrumente, die derart geringfügige Unterschiede messen können.

Die Peridotite bestehen vor allem aus Olivin und Pyroxen, an einigen Orten kommt noch ein spezieller Glimmer vor, der Phlogopit. Die Gabbros enthalten Pyroxen und Plagioklas, manchmal zusätzlich Hornblende und Granat. Unweit der Schweizer Grenze im obersten Val Cannobina bei Finero ist ein prachtvolles Profil durch die Ivrea-Zone aufgeschlossen.

▼ **Bournonit und Rosasit**

Neben der Vererzung von metallisch glänzendem Bournonit, bei der sich teilweise noch eine Gliederung in Einzelkristalle erkennen läßt, sind in einer kleinen Druse nachträglich türkisblaue Kügelchen von Rosasit gewachsen.

Malcantone, TI. Originalbreite 2 cm
Coll. W. Elsasser

▶ **Turmalin auf Muskowit**

Ein tiefdunkelroter Turmalin sitzt hier auf einer Gruppe von durchsichtigem hellem Glimmer, dem Muskowit. Sie stammen aus Drusen in den Pegmatiten der Gneisgesteine im Grundgebirge.

Brissago, TI. Originalbreite 0,3 cm
Coll. W. Elsasser

Das Grundgebirge der Südalpen

Das Grundgebirge selbst ist im Südtessin ziemlich monoton aus Gneisen und gelegentlich aus Amphiboliten aufgebaut, im Val Colla kommen Glimmerschiefer hinzu. Es wurde letztmals während der voralpinen Gebirgsbildung vor ungefähr 300 Millionen Jahren stark metamorphosiert.

Eine Besonderheit sind die Pegmatite im oberen Val di Ponte bei Brissago: fünf bis zehn 10 Meter mächtige Gänge, die parallel zur mehr oder weniger vertikal stehenden Schieferung eingedrungen sind. An Mineralien finden sich in diesem Ganggestein Quarz, Albit, Mikroklin, Muskowit, Biotit, Turmalin, Granat, Apatit, Pyrit, Uraninit, Vivianit und Zirkon.

Im Gebiet des Malcantone sind eine Vielzahl kleiner Erzvorkommen vorhanden. Ihre Entstehung ist noch nicht geklärt, man vermutet aber, daß sie mit dem Vulkanismus während des Perms in Zusammenhang stehen, können hier doch nur damals wässerige Lösungen zirkuliert haben, die eine solche Fülle von Mineralien wachsen ließen: Baryt, Sphalerit, Antimonit, Jamesonit, Fahlerz, Pyrit, Arsenopyrit, Chalkopyrit, Pyrrhotin, Galenit, Sphalerit. Zusätzlich tritt zusammen mit Galenit und Sphalerit bei Astano auch Gold auf. Gold findet man auch bei Miglieglia, hier zusammen mit Fahlerz. Bei Astano wurde das Golderz abgebaut, der Goldgehalt betrug zwischen 6 und 36 Gramm pro Tonne Roherz.

Die Vulkanite des Perms

Die vulkanischen Serien der Permzeit bilden im Gebiet des Luganersees eine gewaltige Abfolge von gegen 1000 Metern Mächtigkeit und rund 50 Quadratmetern Oberfläche. Diese Vulkanite wurden offensichtlich in verschiedenen Schüben gefördert, wobei die genaue zeitliche Folge noch ungeklärt ist, und bestehen hauptsächlich aus zwei Gesteinsarten. Die älteren grünlichen Andesite, früher als Porphyrite bezeichnet, entstammen einem basaltartigen Magma. In der grünlichen Grundmasse schwimmen helle Plagioklas-Leisten. Die jüngeren rötlichen Rhyolithe – früher wurden sie Quarzporphyre genannt – entstanden durch die Förderung granitischer Magmen. Im Gestein finden sich in der amorphen Grundmasse Kalifeldspäte und manchmal auch Quarz. Vor allem die Rhyolithe enthalten Drusen mit Kalifeldspat-Kristallen. In die Eruptivmassen eingelagert kommt in der Umgebung von Carona außerdem ein roter, körniger «Granophyr» vor, der eine Mittelstellung zwischen dem Tiefengestein Granit und dem Ergußgestein Quarzporphyr einnimmt. Er ist mit dem Granit von Baveno verwandt, der weiter westlich am Lago Maggiore ansteht.

Die Sedimente der Südalpen

Die Sedimentation beginnt im Südtessin mit roten Konglomeraten, auf denen in der Trias eine mächtige Serie von Dolomiten abgelagert wurde. Die gut geschichteten Varietäten entsprechen Ablagerungen in einer Bucht; die massig ausgebildeten Formen, die etwa den Monte San Salvatore aufbauen, entstanden in einem Riff. Während einer gewissen Zeit wurde statt Dolomit Tonschlamm abgelagert, der zu bituminösem Schiefer umgewandelt wurde. Darin blieb eine reiche fossile Fauna erhalten: von Sauriern über Fische, Ammoniten und Muscheln bis zu einer Mücke, die erst vor kurzem als europäische Einmaligkeit gefunden wurde. Diese Schichten sind von Kalken und grauen Dolomiten aus der späten Trias überlagert.

Während der Jurazeit bleibt im Westen zunächst ein flaches Meer bestehen, im Osten aber – dem Gebiet des Monte Generoso – senkt sich der Meeresgrund zunächst gewaltig ab. Hier lagerten sich etwa 4000 Meter Kieselkalk ab. In der mittleren Jurazeit beginnt überall die eigentliche Tiefseesedimentation: zuerst mit roten Kalken, in denen Faltenstrukturen von untermeerischen Rutschungen erhalten blieben, gefolgt von Radiolaritgesteinen als Zeuge extremster Tiefseeverhältnisse. Die nächsthöhere Formation bilden die hellen Kalke des Biancone aus der Kreide, dann folgen farbige Mergelkalke und eine Serie Ton- und Sandsteine, die aus abgelagerten Schlammlawinen entstanden sein dürften. Die Sedimente des Tertiärs sind durch die südalpine Molasse charakterisiert. Es handelt sich um Konglomerate, teilweise mit Riesengeröllbrocken von einem Meter Durchmesser, unter anderem aus Bergeller Granit. Abgeschlossen wird die Serie durch die jüngsten marinen Ablagerungen in der Schweiz, nämlich durch die mergeligen Tone von Novazzano. Hier dürfte ein Meeresarm aus der heutigen Poebene gerade noch die Schweiz erreicht haben. Aus dem Quartär stammen die mächtigen Ablagerungen der Gletscher und die Talfüllungen durch die Flüsse. Mineralisationen sind in den Sedimenten der Südalpen nur wenige bekannt. Gelegentlich findet man Drusen, in denen Calcit und Markasit auskristallisierten.

▶ **Orthoklas und Quarz**

Rötliche Orthoklase, eine Feldspatart, und helle Quarze sind in einer Druse in den vulkanischen Gesteinen aus der Permzeit gewachsen. Nach der Förderung der Lava zirkulierten in den frisch erstarrten Gesteinen Lösungen, aus denen die Mineralien auskristallisieren konnten.

Carona, TI. Originalbreite 5,9 cm
Coll. W. Elsasser

Systematik der Mineralien

Die heute gebräuchliche Systematik der Mineralien, der auch die hier vorliegende Gliederung folgt, richtet sich nach der chemischen Zusammensetzung und ergibt eine Einteilung in Mineralklassen. Innerhalb der Mineralklassen werden entsprechend der Kristallstruktur Gruppen gebildet. In der vorliegenden Darstellung sind nur die in diesem Buch abgebildeten Mineralarten aufgeführt; für einen allgemeinen Überblick über die Systematik der Mineralien sind entsprechende Werke zu konsultieren.

Mineralklassen

I	Elemente		V	Karbonate
II	Sulfide, Arsenide, Sulfosalze		VI	Sulfate
III	Halogenide		VII	Phosphate
IV	Oxide, Hydroxide		VIII	Silikate

Name / Mineralklasse	Gold I	Pyrit II	Arsenopyrit (Arsenkies) II	Tennantit / Binnit II	Baumhauerit II	Bournonit II
Chemische Formel	Au	FeS_2	FeAsS	$Cu_{12}As_4S_{13}$	$Pb_{12}As_{16}S_{36}$	$PbCuSbS_3$
Härte / Dichte	$2\frac{1}{2}$ - 3 19,3	6 - $6\frac{1}{2}$ 5,0 - 5,2	$5\frac{1}{2}$ - 6 5,9 - 6,2	3 - 4 4,6	3 5,3	$2\frac{1}{2}$ - 3 5,7 - 5,9
Farbe	goldgelb	goldgelb	zinnweiß, stahlgrau	stahlgrau bis schwarz	stahlgrau	bleigrau bis schwarz
Ausbildung	derb, Flitter, Nuggets	Würfel, Oktaeder, andere	prismat., derbe Massen	isometrisch, körnig	stengelig, derbe Massen	kurzprismatisch, körnig
Seite	23	32, 48, 66, 67, 74	54	66	66, 67	98

   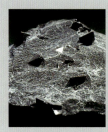  

Name / Mineralklasse	Realgar II	Steinsalz (Halit) III	Fluorit III	Magnetit IV	Korund: Rubin IV	Hämatit IV
Chemische Formel	AsS	NaCl	CaF_2	Fe_3O_4	Al_2O_3	Fe_2O_3
Härte / Dichte	$1\frac{1}{2}$ - 2 3,5 - 3,6	2 2,6	4 3,2	$5\frac{1}{2}$ 5,2	9 3.9 - 4,1	$6\frac{1}{2}$ 5,2 - 5,3
Farbe	blutrot, durchscheinend	farblos, weiß	farblos, gelblich, rosa	schwarz	farblos, rot (R), blau (S)	schwarz
Ausbildung	prismatisch	würfelig	Würfel, Oktaeder, andere	Oktaeder, andere	tafelig, säulig	tafelig, Eisenrosen
Seite	66, 67	37	12, 46, 47	62, 73	84	51, 53, 72

Name / Mineralklasse	Quarz IV	Rutil IV	Anatas IV	Brookit IV	Calcit V	Dolomit V
Chemische Formel	SiO_2	TiO_2	TiO_2	TiO_2	$CaCO_3$	$CaMg(CO_3)_2$
Härte / Dichte	7 2,65	6 - $6\frac{1}{2}$ 4,2 - 4,3	$5\frac{1}{2}$ - 6 3,8 - 3,9	$5\frac{1}{2}$ - 6 4,1	3 2,6 - 2,8	$3\frac{1}{2}$ - 4 2,8 - 2,9
Farbe	farblos, weiß, andere	rot, braun bis schwarz	braun - schwarz, rot	gelbbraun, braun	farblos, weiß, andere	weiß, grau, bräunlich
Ausbildung	Prismen, andere	säulig, nadelig, Sagenit	Doppelpyramiden, tafelig	tafelig	Rhomboeder, säulig	Rhomboeder, körnig
Seite	9 - 17, 40 - 45, 71, 89, 100	55, 69, 70, 71, 81	50, 68	90	30, 31, 32, 49, 60	48, 83

Name/Mineralklasse	Aragonit V	Azurit / Malachit V	Rosasit V	Coelestin VI	Gips VI	Apatit VI
Chemische Formel	$CaCO_3$	Cu-Karbonate	$(Cu,Zn)_2[(OH)_2CO_3]$	$SrSO_4$	$CaSO_4 \cdot 2H_2O$	$Ca_5(PO_4)_3(F,OH)$
Härte/Dichte	3 – 4 2,95	3½ – 4 3,7 – 4	4 – 4½ 4,0 – 4,2	3 – 3½ 3,9 – 4,0	2 2,3 – 2,4	5 3,1 – 3,2
Farbe	weiß, gelblich, grau	blau / grün	grün bis blaugrün	farblos, himmelblau	farblos, weiß, andere	farblos, weiß, andere
Ausbildung	stengelig, nadelig	tafelig, nadelig, derb	faserig, radialstrahlig	tafelig, prismatisch	tafelig, prismat, faserig	tafelig, prismat, nadelig
Seite	92	93	98	33	34, 35	40

Name/Mineralklasse	Tephroit VIII	Granat: Hessonit VIII	Kyanit (Disthen) VIII	Epidot VIII	Vesuvian VIII	Tinzenit VIII
Chemische Formel	Mn_2SiO_4	Mg,Mn,Ca,Fe,Al-Silikat	Al_2SiO_5	$Ca_2(Fe,Al)_3(SiO_4)_3(OH)$	Ca,Mg-Alumosilikat	Ca,Mn,Fe,Al,B-Silikat
Härte/Dichte	6 4,1	6½ – 7½ 3,4 – 4,6	4½ (längs) – 6½ (quer) 3,6	6 – 7 3,3 – 3,5	6½ 3,3 – 3,5	6½ 3,3
Farbe	grau, rotbraun, rot	rot, braun, grün, schwarz	blau, farblos, gelblich	gelbgrün bis dunkelgrün	gelb, braun, rot, grün	gelb, gelborange
Ausbildung	kurzprismatisch, körnig	isometrisch, körnig	langprismatisch	stengelig	prismatisch, nadelig	strahlig, blätterig
Seite	94	63, 94	78	57	64	95

Name/Mineralklasse	Turmalin VIII	Diopsid VIII	Rhodonit VIII	Pyroxmangit VIII	Hornblende, Tremolit VIII	Pyrophyllit VIII
Chemische Formel	Na,Fe,Mg,Al,B-Silikat	$CaMgSi_2O_6$	$Ca,Mn_4Si_5O_{15}$	$(Mn,Fe)_7Si_7O_{21}$	Ca,Mg,Fe-Alumosilikat	$Al_2Si_4O_{10}(OH)_2$
Härte/Dichte	7 2,9 – 3,2	6 – 7 3,2 – 3,4	5½ – 6½ 3,4 – 3,7	5½ – 6 3,6 – 3,8	5 – 6 2,9 – 3,4	1½ 2,8
Farbe	schwarz, grün, andere	grün, weiß, gelblich	rosa, rotbraun	rosa	grün, schwarz, weiß	weiß, grünlich
Ausbildung	prismat., nadelig, faserig	kurzprismatisch	derb, prismatisch, tafelig	derbe Massen	prismatisch, stengelig	schuppig, radialstrahlig
Seite	75, 99	63	94, 95	94	79	65

Name/Mineralklasse	Muskowit VIII	Biotit VIII	Chlorit VIII	Adular, Orthoklas VIII	Plagioklas: Albit VIII	Skolezit (Zeolith) VIII
Chemische Formel	$KAl_2(AlSi_3)O_{10}(OH,F)_2$	K,Mg,Fe-Alumosilikat	$(Mg,Fe)_5Al(AlSi_3)O_{10}(OH)_8$	$KAlSi_3O_8$	$(Na,Ca)(Si,Al)_4O_8$	$CaAl_2Si_3O_{10} \cdot 3H_2O$
Härte/Dichte	2½ 2,7 – 2,8	2½ 2,7 – 3,3	2 – 3 2,5 – 2,8	6 2,5 – 2,6	6 – 6½ 2,61 – 2,76	5 – 5½ 2,2 – 2,3
Farbe	farblos	schwarz, dunkelbraun	grün, schwarz	farblos, weiß, rötlich	weiß, grünlich	glasklar, weiß
Ausbildung	blätterig, tafelig	tafelig, blätterig	blätterig, schuppig	prismatisch, tafelig	körnige Aggregate	prismat., radialstrahlig
Seite	99	100	44, 70, 81	44, 45, 61, 100, 101	74	85

Geologische Übersicht der Schweiz

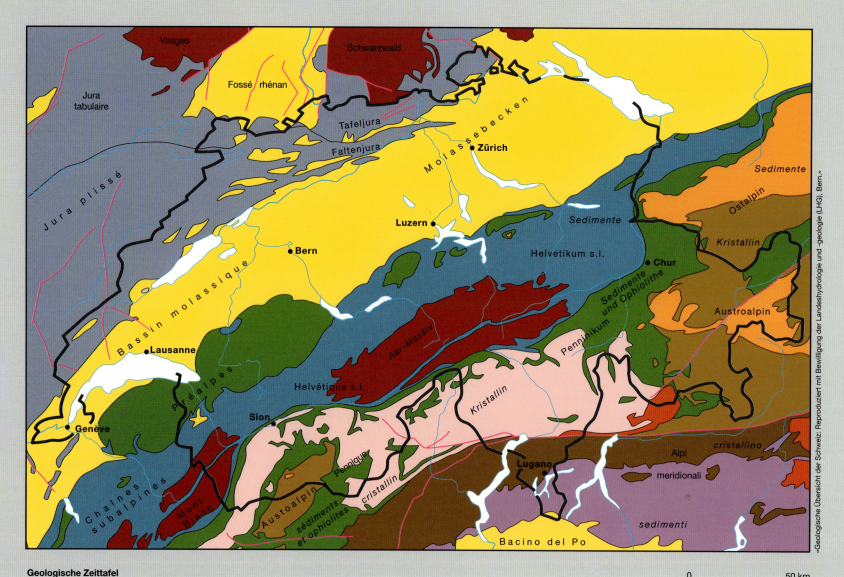

Geologische Zeittafel

Ära	Periode	Alter (Mio. Jahre)
KÄNOZOIKUM (Erdneuzeit)	Quartär	2
	Tertiär	65
MESOZOIKUM (Erdmittelalter)	Kreide	140
	Jura	210
	Trias	250
PALÄOZOIKUM (Erdaltertum)	Perm	290
	Karbon	360
	Devon	410
	Silur	440
	Ordovizium	500
	Kambrium	590
PRÄKAMBRIUM	Proterozoikum	2500
	Archaikum	4000

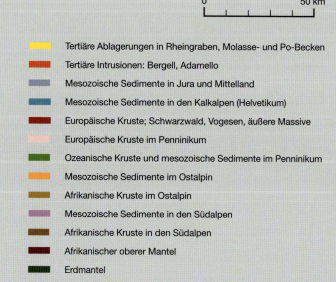

- Tertiäre Ablagerungen in Rheingraben, Molasse- und Po-Becken
- Tertiäre Intrusionen: Bergell, Adamello
- Mesozoische Sedimente in Jura und Mittelland
- Mesozoische Sedimente in den Kalkalpen (Helvetikum)
- Europäische Kruste; Schwarzwald, Vogesen, äussere Massive
- Europäische Kruste im Penninikum
- Ozeanische Kruste und mesozoische Sedimente im Penninikum
- Mesozoische Sedimente im Ostalpin
- Afrikanische Kruste im Ostalpin
- Mesozoische Sedimente in den Südalpen
- Afrikanische Kruste in den Südalpen
- Afrikanischer oberer Mantel
- Erdmantel

DIE ALPENBILDUNG

Vor 210 Millionen Jahren

Europa und Afrika bilden einen einzigen Kontinent, Pangäa genannt. Ein Flachmeer trennt die Festländer im Norden und Süden.

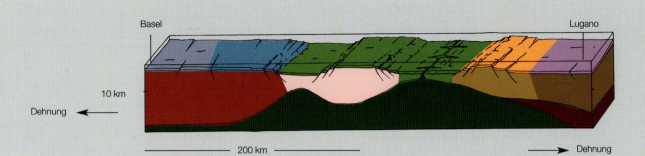

Vor 150 Millionen Jahren

Die beiden Kontinentalblöcke Europa und Afrika haben sich getrennt und driften voneinander weg. Ein tiefer Ozean mit untermeerischen Vulkanen breitet sich dazwischen aus; hier wird neue ozeanische Kruste gebildet.

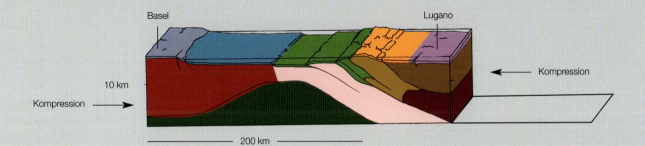

Vor 90 Millionen Jahren

Nach der Ozeanbildung nähern sich die beiden Platten wieder. Die Afrikanische überfährt die Europäische Platte; Teile des ursprünglichen ozeanischen Bereichs werden in den Erdmantel versenkt und umgeformt.

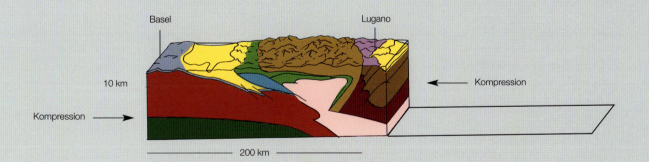

Vor 20 Millionen Jahren

Die beiden Platten verkeilen sich ineinander, und mächtige Gesteinspakete, Decken genannt, werden aufeinandergeschoben. Die Gebirgskette der Alpen beginnt sich herauszuheben.

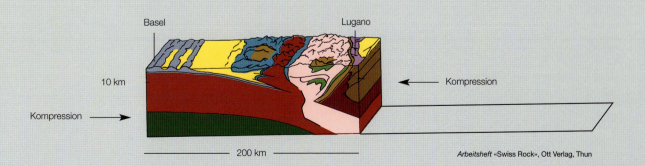

Heute

Seit der letzten Vergletscherung – die vor 20 000 Jahren ihren Höchststand erreichte und während der weite Teile der Schweiz von Eis bedeckt waren – sind große Berggebiete eisfrei. Hier ist das fließende Wasser die wichtigste Erosionskraft.

Arbeitsheft «Swiss Rock», Ott Verlag, Thun

Wissenswertes

Wer mit dem Sammeln von Mineralien beginnen möchte, schließt sich am besten einem Mineralienverein an. Dachverband ist die Schweizerische Vereinigung der Strahler, Mineralien- und Fossiliensammler SVSMF, die vierteljährlich den *Schweizer Strahler* herausgibt (in deren Frühlingsausgabe findet sich jeweils eine aktuelle Liste der für Bewilligungen zuständigen Körperschaften, der geltenden Patente und Verbote usw.). An bekannten Mineralienorten sind die Verkehrsvereine, Mineraliengeschäfte, Ortsmuseen oder einheimischen Strahler nützliche Adressen. Hier erhalten Sie auch Auskünfte über die verschiedenen, in den letzten Jahren erstellten Natur-, Geo-, Gesteins- oder Mineralienwege.

Ehrenkodex für Strahler, Mineralien- und Fossiliensammler, Verkäufer und Händler

Der Ehrenkodex enthält Verhaltensmaßregeln gegenüber der Natur und den Mitmenschen. Er verpflichtet zu verantwortungsbewußtem Strahlen, Sammeln und Handeln und richtet sich gegen Raubbau, Verwüstung, Gewinnsucht und Diebstahl aus belegten Fundstellen. In diesem Bestreben erläßt die Schweizerische Vereinigung der Strahler, Mineralien- und Fossiliensammler SVSMF die nachfolgenden Bestimmungen:

1. Wer Mineralien, Kristalle oder Fossilien sucht oder eine Fundstelle ausbeutet, hat den gesetzlichen örtlichen Bestimmungen und Verordnungen nachzuleben. Eigentum, Natur und Landschaft sind zu respektieren.
2. Schäden an Kulturland, Wald, Straßen, Wegen und anderen Einrichtungen sind in jedem Falle zu vermeiden. Es ist Pflicht, jede Such- oder Fundstelle bei deren Verlassen aufzuräumen und in bester Ordnung und Sauberkeit zurückzulassen.
3. Das Verwenden von Sprengstoff, maschinellen Hilfsmitteln (Bohrhämmer usw.) und schweren Werkzeugen ist ohne Bewilligung durch die zuständigen Instanzen sowie an Sonn- und Feiertagen untersagt. Ebenso soll in der Nähe bewohnter Gebiete das Strahlen an Sonn- und Feiertagen unterlassen werden. Auch werktags sind Lärmeinwirkungen zu vermeiden.
4. Das Belegen einer Fundstelle zur Weiterbearbeitung hat durch gut sichtbares Hinterlegen eines Strahlerwerkzeuges und durch das Anbringen eines witterungsbeständigen Schildes mit Namen, Adresse und Datum der Erstbelegung zu erfolgen. Der Anspruch des Finders einer Fundstelle erlischt grundsätzlich, wenn die Fundstelle während zwei Jahren nicht mehr weiterbearbeitet oder offensichtlich verlassen worden ist. Von einer Person dürfen gleichzeitig höchstens 3 Fundstellen im gleichen Fundgebiet reserviert werden.
5. Das Entfernen oder Mitnehmen von Mineralien, Werkzeugen und Markierungen aus einer belegten Fundstelle ist unstatthaft und wird als Diebstahl qualifiziert.
6. Bedeutende oder wissenschaftlich interessante Funde und Fundorte sollen zu Forschungszwecken einem Wissenschaftler, einer wissenschaftlichen Institution oder der zuständigen Instanz gemeldet werden.
7. Der Sammler und Mineralienfreund soll in erster Linie für seine eigene Sammlung und zu Tauschzwecken Mineralien suchen und Fundstellen bearbeiten.
8. Mineralien, Kristallstufen und Fossilien haben nur dann einen echten Wert für die Wissenschaft oder für den Sammler, wenn genaue Angaben über den Fundort vorliegen. Wer Mineralien, Fossilien usw. veräußert (verkauft oder tauscht), ist verpflichtet, dem Empfänger unaufgefordert wahre Angaben über den Fundort zu machen sowie reparierte oder veränderte Ware als solche zu bezeichnen.
9. Wer mit Mineralien und Fossilien Handel treibt, damit Börsen beschickt oder seine Funde sonstwie kommerziell auswertet, richtet sich nach dem herrschenden Recht. Es gelten insbesondere auch die Grundsätze von Treu und Glauben und die Gepflogenheiten im Handel mit Mineralien und Fossilien.
10. Bei Verstößen von Einzel- oder Sektionsmitgliedern der SVSMF gegen den Ehrenkodex können deren zuständige Organe Maßnahmen gegen die Fehlbaren ergreifen. Ein Maßnahmenkatalog enthält die möglichen Sanktionen, die sich vom einfachen Verweis über die Wiedergutmachung des verursachten Schadens bis zum Ausschluß aus der Sektion und der SVSMF erstrecken.

Für jeden wahrhaftigen Mineralienfreund ist das Einhalten vorstehender Bestimmungen Ehrensache und Verpflichtung. Der Ehrenkodex bildet Bestandteil der Statuten der Schweizerischen Vereinigung der Strahler, Mineralien- und Fossiliensammler SVSMF. Er wurde durch die ordentliche Generalversammlung vom 25. September 1982 in Chur genehmigt und in Kraft gesetzt und ersetzt die «Richtlinien und Empfehlungen» vom 3. Oktober 1970.

Der Zentralpräsident	Der Zentralsekretär
Hermann Ogi	Paul Hottinger

Museen und Schaubergwerke der Schweiz

Viele naturkundliche, regionale und lokale Museen besitzen eine reiche Mineraliensammlung. Dies hilft den Interessenten, sich einen Überblick zu verschaffen, sei es über die Mineraliensystematik, sei es über die besonderen lokalen Vorkommen. In diesen Museen können ebenfalls Auskünfte eingeholt werden, und zwar sowohl über deren eigene Mineralien als auch über die regionalen Vereine.

AARAU	Aargauisches Naturmuseum, Bahnhofplatz, 5000 Aarau
AIGLE	Musée suisse du Sel, rue Midi 1, 1860 Aigle
BASEL	Naturhistorisches Museum Basel, Augustinergasse 2, 4001 Basel
BERN	Naturhistorisches Museum Bern, Bernastr. 15, 3005 Bern
	Schweizer Alpines Museum, Helvetiaplatz 4, 3005 Bern

Bex	Salines de Bex, Route de Gryon, 1880 Bex
Binn	Mineralien-Museum, 3996 Binn
Chur	Bündner Natur-Museum, Masanserstr. 31, 7000 Chur
Davos-Monstein	Bergbaumuseum Graubünden Schmelzboden, Schaubergwerk Silberberg, 7278 Station Monstein
Einsiedeln	Mineralien-Museum, Diorama, Benzigerstr. 23, 8840 Einsiedeln
Frauenfeld	Naturmuseum, Freiestr. 24-26, 8500 Frauenfeld
Freiburg	Naturhistorisches Museum, Chemin du Musée 6, 1700 Freiburg
Genève	Muséum d'Histoire naturelle, route de Malagnou 1, 1211 Genève
Gotthardpass	Museo nazionale del San Gottardo
Guttannen	Kristallmuseum Guttannen, Wirzen, 3864 Guttannen
Herisau	Mineraliensammlung Dr. Bertold Suhner, Platz 1, 9100 Herisau
Lausanne	Musée cantonal de géologie, Palais de Rumine, 1014 Lausanne
Liestal	Kantonsmuseum Baselland, 4410 Liestal
Lugano	Museo cantonale di storia naturale, Viale Carlo Cattaneo, 6900 Lugano
Luzern	Gletschergarten Luzern, Stiftung Amrein-Troller, Denkmalstr. 4, 6006 Luzern
Luzern	Natur-Museum Luzern, Kasernenplatz 6, 6003 Luzern
Maloja	Regionalmuseum, im Turm, 7516 Maloja
Neuchâtel	Musée d'histoire naturelle, Terreaux 14, 2000 Neuchâtel
Obergesteln	Kristall-Museum, Privatmuseum Josef Senggen, 3981 Obergesteln
Olten	Naturmuseum Olten, Kirchgasse 10, 4600 Olten
Pontresina	Museum Alpin (Chesa Delnon), 7504 Pontresina
Porrentruy	Musée jurassien des sciences naturelles, route de Fontenais, 2900 Porrentruy
Sargans	Bergwerkmuseum und Eisenbergwerk Gonzen, St.-Galler-Str. 72, 7320 Sargans
Schaffhausen	Museum zu Allerheiligen, Baumgartenstr. 6, 8200 Schaffhausen
S-charl	Museum Schmelzra, S-charl, 7550 Scuol
Schönenwerd	Schweiz. Meteoriten- und Mineralienmuseum, Oltenerstr. 80, 5012 Schönenwerd
Sedrun	Museum La Truaisch, 7188 Sedrun
Seedorf	Urner Mineralien-Museum, 6462 Seedorf
Semione	Museo di fossili e minerali, 6714 Semione
Solothurn	Naturmuseum Solothurn, Klosterplatz 2, 4500 Solothurn
Stampa, Bergell	Talmuseum Ciäsa Grande, 7605 Stampa
Sion	Musée cantonal d'histoire naturelle, av. de la Gare 42, 1950 Sion
St. Gallen	Naturmuseum St. Gallen, Museumstr. 32, 9000 St. Gallen
St-Imier	Musée minéralogique (privat), Passage Central 6, 2610 St-Imier
Travers	Mines d'asphalte, rue des Mines, 2105 Travers
Winterthur	Naturwissenschaftliche Sammlungen der Stadt Winterthur, Museumstr. 52, 8402 Winterthur
Zermatt	Alpines Museum, 3920 Zermatt
Zürich	Geologisch-Mineralogische Ausstellung der Eidg. Technischen Hochschule, Sonneggstr. 5, 8006 Zürich
	Paläontologisches Institut und Museum der Universität, Karl-Schmid-Str. 4, 8006 Zürich

Bibliografie

Weiterführende Literatur

Gramaccioli, C. M.: *Die Mineralien der Alpen.* Ott Verlag, Thun, 1978.

Heitzmann, P. und Auf der Maur, F.: *Gesteine bestimmen und verstehen. Ein Führer durch die Schweiz.* Birkhäuser, Basel, 1989.

Kündig, R., Mumenthaler, Th., Eckart P., Keusen, H. R., Schindler, C., Hofmann, F., Vogler, R. und Guntki, P.: *Die mineralischen Rohstoffe der Schweiz.* Schweizerische Geotechnische Kommission, ETH Zürich, 1997.

Labhardt, T. P.: *Geologie der Schweiz.* Ott Verlag, Thun, 1992.

Parker, R. L.: *Die Mineralfunde der Schweizer Alpen.* Wepf, Basel, 1954.

Rykart, R.: *Quarz-Monographie. Die Eigenheiten von Bergkristall, Rauchquarz, Amethyst, Chalcedon, Achat und andern Varietäten.* 2. Aufl. Ott Verlag, Thun, 1995.

Schwanz, J., Schüpbach, Th. und Gorsatt, A.: *Das Binntal und seine Mineralien.* Verlag A. Gorsatt, Binn, 1994.

Stalder, H. A., de Quervain, F., Niggli, E. und Graeser, St.: *Die Mineralfunde der Schweiz.* Wepf, Basel, 1973.

Stalder, H. A., Wagner, A., Graeser, St. und Stuker, P.: *Mineralienlexikon der Schweiz.* Wepf, Basel, 1998.

Weibel, M., Graeser, St., Oberholzer, W. F., Stalder, H. A. und Gabriel, W.: *Die Mineralien der Schweiz.* 5. Aufl. Birkhäuser, Basel, 1990.

Zeitschriften

Schweizer Strahler – Le Cristallier Suisse – Il Chavacristallas Svizzer – Il Cercatore Svizzero di Minerali. Schweizerische Zeitschrift für Liebhaber-Mineralogie und offizielles Organ der Schweiz. Vereinigung der Strahler, Mineralien- und Fossiliensammler SVSMF. Ott Verlag, Thun. 4 Hefte pro Jahr mit Informationsteil u. a. über den Ehrenkodex, Sammlerpatente und -verbote, Mineralien-Börsen und neue Literatur. Beiträge in deutscher, französischer und z.T. italienischer Sprache.

Mineralienfreund. Zeitschrift der Urner Mineralienfreunde, Postfach 161, Erstfeld. 4 Hefte pro Jahr.

Lapis. Mineralien Magazin. Die aktuelle Monatsschrift für Liebhaber und Sammler von Mineralien und Edelsteinen. Christian Weise Verlag GmbH, Orleansstr. 69, D-81667 München. 11 Hefte pro Jahr (davon ein Doppelheft).

Geologische und mineralogische Karten

Geologische und mineralogische Kartenskizzen finden sich oft in lokalen Führern.

Kartenwerke, herausgegeben von der Landeshydrologie und -geologie:

    Geologische Karte der Schweiz 1:500 000

    Tektonische Karte der Schweiz 1:500 000

    Geologischer Atlas der Schweiz 1:25 000

    Dieses Kartenwerk basiert auf der Grundlage der Landeskarte 1:25 000.

Kartenwerke, herausgegeben von der Schweizerischen Geotechnischen Kommission:

    Geotechnische Karte der Schweiz 1:200 000

    Karte der mineralischen Rohstoffe

Auskunft über die Publikationen beider Organisationen liefert der Verkaufskatalog (Bestelladresse: Landeshydrologie und -geologie, 3003 Bern), Informationen können auch über Internet abgerufen werden (www.admin.ch/lhg).

Dank

Dieses Werk hätte nicht geschaffen werden können ohne die große Unterstützung der Strahler und Mineraliensammler, welche uns ihre Kostbarkeiten zur Verfügung gestellt und bei der Auswahl beraten haben. Wir möchten uns deshalb in erster Linie bedanken bei den Herren Walter Elsasser, Thun; Hans Flück, Bern; Christian Flückiger, Rosshäusern; Paul Hottinger, Ipsach; John Meekel, Rüfenacht; Ernst Rufibach, Guttanen; Rudolf Schulthess, Reussbühl, sowie dem Naturhistorischen Museum Bern und seinem Leiter der Mineralogischen Abteilung, Herrn Dr. Beda Hofmann. Auch für den Text konnten wir uns auf verschiedene Quellen stützen, in erster Linie auf die Autoren des neuen Mineralienlexikons und des kleinen, aber sehr gehaltvollen Büchleins über die Mineralien der Schweiz. Auch ihnen sowie allen Verfassern von lokalen Beschreibungen und Studien, deren Aufzählung dieses Buch sprengen würde, möchten wir für ihre Arbeiten bestens danken und gleichzeitig unsere Leserinnen und Leser ermuntern, spezifische Literatur zu Rate zu ziehen.

Ein besonderer Dank geht zudem an Horst Pitzl, der noch einmal zu diesem Buch mit seinem Know-how und seinem Erfahrungsschatz beigetragen hat.

MINERALIEN - FUNDORT SCHWEIZ
Idee und Konzeption für dieses Buch
wurden vom Mondo-Verlag entwickelt.

Direktion: Arslan Alamir
Konzeptionelle und herstellerische Leitung: Pierre Du Pasquier
Grafische Ausführung: Sandrine Feldman, Suzanne Pitzl
Lektorat: Robert Schnieper, Willi Stolz

MONDO

Adresse: Mondo-Verlag AG
Passage Saint-Antoine 7, 1800 Vevey
Telefon 021/924 14 50

© 1999 by Mondo-Verlag AG, Vevey
Alle Verlagsrechte vorbehalten
Gedruckt in der Schweiz
ISBN 2-88168-862-4

Satz: Mondo-Verlag AG, Vevey
Druck: Edipresse, Imprimeries Réunies Lausanne s.a.
Fotolithos: Ast+Jakob AG, Köniz
Bucheinband: Schumacher AG, Schmitten
Papier: Rochat Papiers SA, Nyon